KB035021

코로나 시대
최고의 재테크는
비트코인 투자다

부의 추월차선으로 이동하는 가장 쉬운 방법

코로나 시대 최고의 재테크는 비트코인 투자다

김종길 지음

매일경제신문사

블록체인과 암호화폐
이제는 상식이다

2022년은 암호화폐가 제도권 안으로 들어오는 원년이 될 것이다. 새로운 대통령이 탄생했다. 블록체인과 암호화폐를 신성장 동력으로 키우기 위한 법안을 마련 중이다. 4차 산업혁명 시대가 본격적으로 시작될 것이다.

이제는 암호화폐가 대세다. 여기서 우리는 블록체인과 암호화폐를 전문적으로나 학문적인 깊이로 알기보다는 실생활에 필요한 정도로만이라도 반드시 알고 있어야 한다. 4차 산업혁명을 소재로 한 많은 책이 나오고 있지만, 분야별로 학문적으로 다룬 전문적인 책들이 출

간되고 있다. 평범한 일반인이 알기 쉽게 풀이한 책들이 소수인 것이 현실이다.

여기서는 일상생활에서 경험하고 시행착오를 겪으며 알게 된 블록체인과 암호화폐를 일반인들도 알기 쉽고 이해하기 편하게 기술했다. 4차 산업혁명 시대에 블록체인과 비트코인 및 다양한 코인들이 많이 나오고 있다. 우리는 수많은 코인을 다 알 수는 없다. 그러나 블록체인과 비트코인을 이해한다면 다양한 코인들을 알아가는 데 도움이 될 것이다.

당신은 이 한 권의 책만으로도 블록체인과 비트코인의 개념을 상식처럼 이해할 수 있을 것이다. 또한, 암호화폐를 쉽게 접근할 수 있을 것이다. 이 책은 일반인이 생활 속 블록체인과 암호화폐를 알게 하기 위한 기초 기본서다. 아직은 다수가 블록체인과 비트코인의 가치를 제대로 알지 못하고 있다. 그렇기에 정보이고 기회가 있다.

재테크는 여러 가지 방법이 많다. 암호화폐도 한 가지 방법이다. 암호화폐를 제대로 공부한 2030세대는 전적으로 이 시장에 뛰어들고 있다. 암호화폐 공부는 금융공부이고 돈에 대한 관점을 바꾸는 투자 공부다. 투자에 성공하기 위해서는 실질적인 준비와 심리적인 측면도 준비해야 한다. 돈공부와 사람공부, 마음공부도 함께해야만 진정한 부를 이룰 수 있는 토대가 마련되는 것이다. 암호화폐로 부의 이동을 하고 싶다면 이 책을 필독서로 권한다.

이 책이 미력하나마 미래를 준비하는 분들께 작은 도움이 되기를 바란다.

마지막으로 이 책이 나오기까지 끝없는 믿음과 응원을 준 부모님과 동생분들께 감사드린다. 평생 친구 (주)대한기술단 대표 이영환, 하나로한의원 원장 어경정, 친누나 같은 사회적 기업 (주)청미각식품 대표 김도연 님, 골프와놀자 대표 정여진 님께 지면을 빌어 감사의 마음을 전하고 싶다.

김종길

Contents

PART 1
지금이라도 비트코인에 투자해도 늦지 않다

PART 2
코로나 시대, 최고의 재테크는 비트코인이다

PART 5
비트코인 투자는 미래를 위한 투자다

지금 비트코인에 투자해도 늦지 않다

01

블록체인을 알아야 비트코인이 보인다

2017년 3월로 기억된다. 사촌 형님에게 블록체인과 비트코인을 공부해보라고 전화가 왔다. 그때는 자료가 부족하고 인터넷을 검색해도 블록체인과 비트코인이 어려운 전문적인 용어로 다가왔다. 주식 재테크를 10년 동안 하고 있었기에 비트코인 가격에만 관심을 가진 면도 있다. 300만 원 정도 손해 보고 제대로 공부하기 시작했다.

그렇게 블록체인을 알기 시작하니 비트코인 가치가 보이기 시작했다. 2016년 세계 경제 포럼부터 블록체인을 4차산업 혁명 핵심 기술로 강조하고 있다. 4차 산업혁명이 조용히 시작되고 있다. 언론기사나 TV 뉴스를 보면 연일 블록체인을 보도하고 있다. 4차 산업혁명은 블록체인이 절대적으로 필요한 기술이라고 강조한다. 따라서 블록체인이 어떤 것인지, 어떤 의미가 있는 것인지 알고는 있어야 한다.

전문적인 용어로 살펴본 블록체인(분산저장)이다.

"네트워크에 특정 데이터가 연결된 모든 사용자가 컴퓨터에 분산저장해 해킹이 사실상 불가능한 시스템이다. 암호화폐 거래내역 등 컴퓨터상 데이터가 담긴 블록을 이어 연결한 모음이란 뜻이다. 네트워크에 참여한 대가로 암호화폐를 준다."

2017년에는 용어의 생소함 때문인지 난해하고 이해하기 힘들었다. '평범한 사람이 이해하기 쉽게 풀이하면 안 되나?'라는 생각이 들었다. 우리는 연구원도 교수도 아니고 전문적으로 일하지 않는 이상 블록체인의 기술적 측면을 깊게 알 필요는 없을 것이다. 그저 일상생활을 위한 기초지식 정도만 알면 될 것이다.

우리의 경제 활동에서 금융은 필수다. 은행에 현금을 입금하고 개인 간, 사업상 반드시 금융 거래를 하게 된다. 은행이 중간에서 믿을 수 있는 중재자 역할을 하게 된다. 중앙컴퓨터 거래장부에 인력과 장소와 전기세 등 비용이 투입된다. 그로 인해 수수료를 낸다. 은행은 대출이자뿐 아니라 이체 수수료가 주 수입원이다. 중앙집중식 인터넷 폐쇄형 장부다. 은행들의 전산 거래장부는 중앙컴퓨터 한 장소에 있어서 해킹 시도와 디도스 공격을 받는 경우가 종종 발생해 보안에 비용이 많이 들어가는 단점이 있다.

역발상의 기술이 2009년부터 인터넷상에 탄생했다. 바로 블록체인 기술이다. 비트코인 뒤에 숨어 있었기 때문에 처음에는 알아보지 못했다. 기술자, 과학자, 연구원, 교수들은 블록체인의 존재를 알기 시작하면서 열광하기 시작했다. 4차 산업혁명을 시작할 수 있는 기술이 발견된 것이다. 인터넷 세상에서 꼭 필요한 기술, 보안 기술이 화두였다. 블록체인이 인터넷상 보안 문제를 완전히 해결할 수 있는 기술인 것이다. 전 세계는 블록체인에 주목하기 시작했다.

블록체인을 쉽게 알아보자. 2022년 1월 현재, 비트코인이 하루에 50조 원에서 100조 원 정도 개인 지갑에서 개인 지갑으로 이동하고 있다. 돈을 이체하듯 비트코인이 이체되면 10분당 거래장부를 만드는데 그것을 '블록'이라고 한다. 블록은 10분당 만들어지는 비트코인 거래장부다. 10분당 거래장부가 이어지고 이어진 것, 즉 블록과 블록이 연결된 것을 체인이라고 해서 블록체인이라 한다.

비트코인 거래장부가 만들어지면, 장부를 만드는 참가자들 모두에게 거래장부를 분산하면서 거래내역을 공유하는 것이다. 기존의 중앙집중식 폐쇄형 장부가 아닌 분산형 공공장부로 익명의 거래내역을 분산해서 세상의 어떤 기술도 해킹이나 조작이 불가능하다는 것을 깨닫기 시작했다.

4차 산업혁명, 즉 인터넷 세상을 만들기 위해 절대적으로 필요한 블록체인 기술, 보안기술이 있음을 알기 시작했고 그 안에 비트코인이 있었다. 2009년부터 주목하지 않았지만, 인터넷상에 블록체인의 신기술을 장착한 비트코인은 천천히 세상 밖으로 나오기 시작한 것이다.

비트란 '컴퓨터상의 숫자'란 뜻이고, 코인은 '돈'이란 뜻이다. 비트코인이란 '인터넷상의 숫자 돈'이란 뜻이다. 비트코인을 알려면 먼저 채굴 용어부터 이해해야 한다.

채굴(작업증명)이란 비트코인 거래자들의 거래장부를 만드는 일에 참여하는 것이다. 거래장부에는 거래내역과 익명의 지갑 주소만 공개된다. 누군지 알 수가 없다. 채굴참여자(마이너)를 채굴팀, 채굴자라고 한다. 기존은행과 같이 거래장부를 만드는 역할을 한다.

인터넷상에서 10분당 비트코인 거래장부를 만들면 한 블록이 생성된다. 한 블록, 즉 비트코인 거래장부를 가장 빨리 만들면 보상과 수수료를 비트코인으로 받는다. 거래장부에 64자리의 암호가 있다. 그 암호를 가장 빨리 풀어내면 거래장부를 만든 보상으로 비트코인이 주어지는 것이다. 일명 '암호화폐'라고 하기도 한다.

2009년 1월부터 인터넷상에 비트코인이 나오기 시작했다. 중앙집중식으로 장부를 보관하는 것이 아니라 거래장부를 분산한다. 인터넷상에서 보안 문제를 완벽하게 해결한 역발상의 기술인 것이다. 어떤 방법으로도 해킹이나 조작을 할 수 없는 인터넷 보안 기술의 혁명이었다.

블록이 만들어지면, 즉 거래장부를 만든 보상으로 채굴자는 비트코인을 획득한다. 비트코인은 10분당 6.25개가 나오며 하루에 약 900개 정도가 보상되면서 세상에 나오고 있다. 블록과 블록이 이어져 블록체인이 된다.

인터넷상에 블록체인과 비트코인이 세상에 함께 나온 것이다. 블록체인은 인터넷상 폐쇄형 장부가 아닌 '분산형 공공장부'다. 4차 산업혁명, 인터넷, 디지털 세상을 만들 수 있는 블록체인 기술, 보안 문제를 해결한 기술에 세계는 주목했다. 이렇게 블록체인과 비트코인이 함께 등장한 것이다.

《부의 미래, 누가 주도할 것인가 블록체인과 디지털 자산 혁명》에서는 '블록체인이 핵심 뿌리 기술이고, 데이터·디지털 자산·정보·콘텐츠가 곁뿌리며, 빅데이터·인공지능이 핵심 기술로 기둥이며, 가지가 무인자동차·3D 프린터·가상현실·지능형 드론·사물 인터넷·지능형 로봇 산업이 가능하다'라고 나무에 비유하며 잘 보여주고 있다.

이처럼 블록체인 기술은 4차 산업혁명을 이루는 가장 핵심적인 뿌리 기술이다. 또한 인류가 더욱더 편리한 생활을 하며 정보를 공유하는 공유 경제를 이뤄 내는 데 꼭 있어야만 하는 핵심 기술이다. 4차 산업혁명 시작은 블록체인이 있으므로 가능하게 됐다. 그 안에 비트코인이 있는 것이다. 그래서 블록체인과 비트코인은 한 몸이다.

블록체인과 비트코인은 분리할 수도 없고 떨어질 수도 없다. 반드시 함께 갈 수밖에 없다. 사람으로 비유하면 몸과 피의 관계로 필수불가결한 관계다. 비트코인은 누구도 가늠할 수 없는 가치를 가지고 세상에 탄생한 것이다.

02

비트코인이 대한민국과 세계를 바꾸고 있다

나는 블록체인과 비트코인이 함께 하는 것을 알고 있어서 언론 내용이 이해됐다. '부산광역시는 블록체인 특구 시다. 제주도는 블록체인 특구 도다'라는 언론 내용이 눈에 들어온 것이다. 놀라웠던 것은 대한민국 정부가 블록체인이 미래 우리 사회를 발전시킬 주요 먹거리라고 발표했다는 것이다. 다시 생각하면, 부산광역시는 비트코인 특구 시고, 제주도는 비트코인 특구 도인 것이다. 대한민국은 비트코인을 주요 먹거리로 보고 있다.

<디지털타임스>에서는 '국내 유명 기업들이 본인들의 사업에 블록체인을 접목하거나 가상 자산 시장에 진출하고 있다. 국내 굴지의

기업들이 가상 자산 시장에 이미 진입 혹은 계속 진입을 시도하며 새로운 시장을 개척해 나가고 있는 게 2021년 대한민국 경제의 실제 모습이다. 불과 얼마 전까지만 해도, 국내 언론사가 비트코인이나 가상 자산에 대해 뉴스에서 거론하거나 보도기사를 배포하는 일은 극소수에 불과했지만, 이제는 매일 주요 이슈로 떠오르고 있다"라고 2021년 7월 보도했다.

위에서처럼 블록체인과 연관된 사업에 2021년부터 국내 기업들이 본격적으로 진출하고 있다는 것이 주요 이슈로 떠오르고 있다. 그뿐만 아니라 그 기술을 비트코인이나 가상 자산에도 접목한다는 기사가 주요 이슈다. 기업들이 비트코인 시장에 진입하는 이유는 수익과 활용 가치가 있기 때문이다. 블록체인과 비트코인이 함께 갈 수밖에 없다는 것을 이해하기 시작한 것이다.

2022년 대선 후보자였던 이재명, 윤석열, 안철수 등의 공통 공약도 '미래의 먹거리는 블록체인'에 맞췄다. 앞에서 살펴본 것처럼 이젠 블록체인이 상식이 되고 있다. 블록체인과 비트코인이 함께 간다는 것을 지도자들과 기업들은 언론을 통해 공공연히 발표하고 있다.

각종 자료와 언론 내용을 공부하다 보니 그 이면의 내용이 내게 보이기 시작했다. 국내 S전자는 반도체 수출로 매년 최대 실적을 이뤘다고 발표하고 있다. 비트코인을 채굴하려면 전용컴퓨터가 필요하다. 이 핵심 부품이 되는 반도체를 우리나라 기업이 독점적으로 수출하고 있다. 비트코인이 대한민국의 수출과 부(富)를 담당하는 주요 먹거리인 셈이다.

전 세계 비트코인 채굴기에는 대략 300~400조가량 투자되고 있다. 엄청난 투자금이 들어가는 셈이다. 그럼에도 불구하고 더 많은 채굴기가 비트코인을 획득하기 위해 투입되고 있다. 그래서 반도체 수출이 증가하고 덩달아 우리나라의 수익도 증가하고 있다. 대한민국의 수출, 즉 외화 획득에도 큰 영향을 주고 있다. 상황이 이런데도 블록체인과 비트코인을 부정할 것인가! 채굴을 부정할 것인가! 선택은 각자의 몫이다.

2002년에 입사한 로또 회사가 나의 첫 직장이다. 공무원 공부를 4년 정도 했는데, 다 떨어졌다. 옥상에 올라가 공무원 수험 책을 다 불태우고 다시는 공무원 시험에 응시하지 않겠다고 다짐했다. 마음이 아팠으나 30대를 넘어가다 보니 돈을 벌어야 해서 직장을 알아봤다.

월급이 제일 높은 회사를 선택해 입사 지원서를 제출하니 일주일이 지나 면접을 보러 오라는 연락이 왔다. 간절한 마음에 힘차고 밝은 모습으로 면접을 봤고 3일 후 합격했다는 통보가 왔다. 그렇게 서른두 살에 처음으로 직장생활을 시작했다.

연수 중에 알게 된 것은, 내가 직접 번호를 선택하는 복권의 판매처를 관리하는 일을 하게 된다는 것이었다. 도대체 이해할 수가 없었다. 그때는 일주일에 한 번 TV에서 "쏘세요" 하고 화살이 꽂힌 번호를 맞히는 주택복권뿐이었다.

로또가 대한민국에 나오기 전이라 주위 분에게 문의해도 아는 사람이 없었다. 부모님과 친척분들은 이상한 회사라면서 걱정했다. 그런데 1년 정도 호주 유학을 다녀온 가장 친한 친구 환이는 무조건 좋은 회사라고, "호주에서는 로또를 구매하려고 주말이 되면 수백 미터 줄을 선다"라고 말해 안심이 됐다.

친구와 함께 집 근처의 점포를 알아봤는데 빈 점포가 나오지 않았다. 그래서 로또 판매점은 운영하지 못하고 직장 생활하는 것으로 만족했다. 2003년부터 로또 열풍을 겪으며 대한민국에서 로또는 일반 상식이 됐다. 2022년 현재 다수의 국민이 로또를 구매해봤으며 로또로 부자가 되신 분들이 꽤 많다. 2009년 사업자가 바뀌면서 8년 근무한 직장을 그만두게 됐다.

로또! 지금은 상식이 됐다. 블록체인과 비트코인도 몇 년 전만 하더라도 사기니 거품이니 부정적인 면만 강조됐다. 하지만 이제는 다르다. 가격만 보는 것이 아니라 블록체인과 비트코인의 가치를 알게 된 것이다. 정부와 기업들은 적극적으로 블록체인과 비트코인을 활용하고 있다. 그렇게 더 부강한 대한민국, 더 나은 인간의 삶을 만드는 데 앞장서고 있다.

블록체인과 비트코인이 대한민국 산업계를 바꾸고 있다. 이제는 순순히 받아들이고 활용하고 있다. 블록체인과 비트코인을 공부한 우리는 이 둘이 함께 가고 있다는 것을 알기 시작했다. 조금만 관심을 가져보면 블록체인과 비트코인의 가치를 알 수 있다. 미래 사회가 어떻게 흘러갈지, 대한민국의 사회적 환경이 어떻게 바뀌고 있는지 알 수 있다.

평범한 일반인은 그저 따라가는 데 그치겠지만, 미래의 먹거리와 부의 이동 기회를 찾는 분들이라면 어떨까? 블록체인과 비트코인에서 충분히 부(富)의 기회를 찾을 수 있을 것이다.

<전자신문>의 블록체인 칼럼에서 이원부 동국대 경영정보학과 교수는 '2022년, 가상화폐로 새로운 시대가 열린다. 현재 미국과 유럽연합(EU)은 암호화폐를 새로운 미래 먹거리 산업으로 보고 글로벌 시장 주도를 목표로 발 빠른 행보를 보이고 있다. 암호화폐는 블록체인 생태계의 핵심으로, 생태계 운영의 기반이자 성장 활력소다. 구성원에 대한 참여 동기 부여와 생태계 성장에 따른 수익을 공유하는 핵심 수단이기도 하다'라고 했다.

전 세계 최강대국은 미국이다. 미국의 달러는 기축통화다. 그에 못지않게 유럽 20여 국가들이 연합한 모임, 유럽연합도 세계 경제에 큰 규모로 참여하고 있다. 그런데 미국과 유럽연합도 암호화폐와 블록체인을 핵심 사업으로 삼고 있다. 국가적 차원의 빠른 행보로 세

계를 리드하기 위해 선의의 경쟁을 벌이고 있다. 미국 애리조나주는 비트코인을 법정통화로 인정하는 법안을 발의했다.

비트코인을 더 깊게 이해하기 위해선 화폐의 변화 과정을 알아야 한다.

선사시대에는 조개나 귀한 돌이 상품에 대한 교환가치를 가졌었다. 그러다가 편리성과 신뢰성 때문에 금속화폐를 사용하게 됐다. 100년 전에는 금본위 화폐로 금을 은행에 보관하고 그것을 보증하는 종이를 화폐로 사용했다. 서로의 믿음과 신뢰를 바탕으로 한 화폐가 사용된 것이다.

산업혁명을 거치면서 대량생산으로 인해 화폐는 또 한 번 모습을 바꾸게 된다. 각국 자체의 가치보다는 국가법률의 권위를 배경으로, 또는 역사적인 관습에 따른 사회적 교환의 도구로 통용된 것이다. 현재의 각국이 발행하는 종이 화폐로 발전한 것이다.

그러나 4차 산업혁명, 인터넷, 디지털 세상으로 바뀌면서 기존의 실물 화폐가 아닌, 인터넷상의 디지털 화폐의 필요성이 대두됐다. 이렇듯 종이 화폐든, 디지털 화폐든 화폐는 인류의 역사와 함께한 가장 오래된 인류 유산이다.

디지털 화폐의 종류를 살펴보면 다음과 같은 것들이 있다.

1. 암호화폐(비트코인, 이더리움, 에이다, 리플 등)
2. 전자화폐(삼성페이, 티페이, 네이버페이. 카카오페이, 알리페이 등)

3. 가상화폐(다양한 게임머니)

4. CBDC(각국의 중앙은행의 디지털 화폐 → 디지털 달러, 디지털 위안화, 디지털 유로화 등)

각국의 중앙은행들은 디지털 화폐의 탄생을 앞두고 있다. 한국은행도 CBDC(Central Bank Digital Currency) 발행을 2023년을 목표로 2021년부터 테스트 중이다. 미국과 유럽은 비트코인으로 결제를 시작하고 있고, 일본 또한 친정부적인 암호화폐 정책으로 대중화가 이뤄지고 있다.

대한민국은 늦었지만, 일단 시작하면 세계에서 가장 빠른 성장력을 보일, 저력을 가진 국가다. 전에도 그렇고 앞으로도 그럴 것이다. 암호화폐 관련 법은 늦어지고 있지만 2022년 대통령 선거와 맞물려 친블록체인, 친비트코인 정책들이 쏟아져 나오고 있다. 인터넷 강국인 대한민국은 곧 다시 블록체인과 비트코인의 선두 국가가 될 것이다. 반드시 전 세계를 리드하는 역할을 담당할 것이다.

03

인터넷, 디지털 세상이 본격적으로 시작되다

오늘 아침도 출근해서 먼저 인터넷을 뒤적이며 커피와 함께 하루를 시작한다. 요즘은 동영상으로 소식을 전하는 유튜브가 인기다. 40대 이상인 분들은 기억이 나실 것이다. 어릴 때 부모님이 아침에 오프라인 신문 보는 것이 일상이었다. 나 또한 부모님이 신문을 보며 이런저런 이야기를 했던 추억이 있다. 기존의 오프라인 신문은 젊은 세대에게는 그저 낯설기까지 하다.

지하철이나 대중 버스를 타고 가면서 주위를 둘러본다. 자리에 앉아 있거나 서 있는 사람 대부분이 핸드폰으로 각종 정보나 소식을 보는 것은 자연스럽다. 대화하는 것보다 핸드폰을 보며 지내는 시간이 더 많은 것이 현실이다. 거의 중독이 된 것처럼 핸드폰이 내 곁에 없으면 불안해한다.

그래서 일정한 룰을 정해 핸드폰을 사용하려고 하지만, 알게 모르게 중독된 듯 자신도 모르게 자주 쳐다보게 된다. 일과를 끝내며 회상하면 그리 많은 정보를 알게 된 듯한 생각은 들지 않는다. 하지만 요즘은 반드시 있어야 하는 필수품이 됐다. 몇 년 전만 하더라도 인터넷 검색이 늦어 사용하기 불편했다. 지금은 5G 시대로 동영상을 다운로드 받든지 인터넷 검색을 하면 초스피드로 검색된다. 정보의 홍수 속에 우리는 일상을 보내고 있다.

특히 대한민국의 인터넷 관련 일은 세계 최고다. 인터넷을 검색하면 속도는 빛의 속도처럼 우리에게 다가오고 있다. 이제는 상식이고 없어서는 안 될 필수품이 바로 핸드폰이다.

비대면 사회로 바뀌니 대면 강연을 듣지 못하고 있다. 유튜브나 줌으로 대화나 회의를 하는 현실로 바뀌고 있다. 그만큼 편리해지고 시간적, 장소적으로 접근이 편해졌다. 인터넷의 발달은 인간에게 편리성과 정보공유의 시대를 열었다.

지금은 4차 산업혁명 시대로 접어들고 있다. 편리성과 정보공유를 뛰어넘어 가상현실이 현실보다 더 현실처럼 다가오고 있다. 인터넷 세상과 디지털 세상으로 바뀌고 있다.

가상현실 속에서 농사도 짓고 땅도 팔고 상품도 파는 '메타버스'라는 신조어가 인기를 누리고 있다. 빠른 정보를 가진 젊은 세대에게는 인기다.

가상세계를 움직이려면 반드시 코인이 필요하다. 각 코인을 얻어 바로 현금화를 할 수도 있다. 믿고 싶지 않은 일들이 이젠 상식으로 다가오고 있다. 각종 게임을 해서 돈을 벌고 가상 캐릭터로 돈이 되는 인터넷, 디지털 세상으로 바뀌고 있다.

농경사회에서 산업사회로, 산업사회에서 인터넷 정보 사회로, 그것을 뛰어넘어 인터넷, 디지털 세상으로 바뀌고 있다.

단순히 인터넷상의 숫자가 가치를 인정받아 수천만 원이나 하는 비트코인이 있다. 그 외에 수많은 인터넷 숫자가 디지털 화폐로 가치를 인정받고 현금처럼 사용되고 있다.

시대의 변화는 거부할 수 없다. 역사는 시간이 흐르면서 단점은 고치고, 장점은 발전시키며 흘러 왔다.

코로나로 인해 직접적인 다수 대면은 국가에서 금지하고 있는 실정이다. 핸드폰이나 각종 온라인을 이용해서 명맥을 유지한다. 학원 강의나 일반 강연은 비대면으로 온라인 영상을 통해 전달되고 있다. 일반 학교도 마찬가지로 변화하고 있다.

이렇게 세상은 코로나로 급변하고 있다. 그에 따라 온라인 세상이 더욱 발전하고 있다. 인터넷 세상 속에도 일반 현실처럼 생활이 가능한 세상이 계속 태어나고 있다. 그 세상은 아직 초기 단계라 하지만 블록체인을 기반으로 한 현실과 같은 인터넷, 디지털 세상이 열리고 있다.

신용카드를 단순히 생각해봐도 기존 카드가 핸드폰 속으로 들어오고 있다. 물론 결제 금액 또한 숫자만 왔다 갔다 한다. 현금 필요성은 점차 줄어들고 있다.

각종 페이도 현금처럼 인정을 받고 있다. 삼성, 카카오, 네이버, S페이 등 대기업들은 자체 페이를 인터넷상에 내놓았다. 많은 젊은이가 결제로 사용하고 있다. 이것도 또한 인터넷상에 디지털 화폐 역할을 하면서 우리가 이용하고 있다. 그만큼 디지털 화폐는 우리의 상식이 되어 가고 있다.

암호화폐는 이제야 진정한 가치를 인정받고 있다. 페이와 신용카드는 현금과 연동된다. 하지만 암호화폐는 가치를 창조하는 중앙은행과 같은 민간화폐로 탄생하고 있다. 민간 봉기와도 같은 공유의 경제학이 탄생하고 있다. 기존 화폐 시스템은 중앙국가가 발행했다. 그리고 그것을 일반 대중은 신뢰하면서 사용하고 있다.

이제는 민간에서 발행한 화폐인 코인이 그 역할을 대신하려고 한다. 국가는 화폐 지배력을 잃지 않으려고 부지기수로 노력했지만, 없앨 수 없었다. 민간이 발행하고 그 가치를 세계적으로 인정받은 일반인의 민주주의 같은 외침이었다. 이제는 인정할 수밖에 없다.

미국의 스타벅스는 비트코인으로 결제하기 시작했으며, 각 나라 민간기업에서 암호화폐로 결제하기 시작했다. 대한민국도 '페이코인'이라는 것이 작년에 나와 국내 및 해외 다수의 가맹점에서 교환수단으로 사용하기 시작했다. 이제는 거부할 수 없는 세계적인 기류다.

암호화폐는 개인이 부정한다고 없어지는 성질이 아니다. 심지어 국가마저도 이젠 수긍하고 있다. 엘살바도르는 비트코인을 국가 차원에서 법정 화폐로 쓰고 있다. 미국도 이젠 적극적이다. 비트코인을 금융의 한 상품으로 대출과 이자를 주는 것을 몇 주에서는 시작하고 있다. 보험 상품도 나왔다. 이렇게 급속도로 암호화폐 및 비트코인은 우리 일상생활 속으로 들어오고 상식으로 변하고 있다.

인터넷, 디지털 세상이 본격적으로 시작되고 있다. 이 또한 초기라 많은 시행착오를 겪고 있다. 그러나 발전은 항상 시련을 겪고 풍파를 겪으며 발전하는 것이다. 인생사도 마찬가지겠지만 인터넷, 디지털 세상을 본격적으로 시작하는 작은 아픔 정도다.

4차 산업혁명, 즉 인터넷, 디지털 세상으로 가는 역할을 블록체인과 비트코인이 뿌리가 되어 발전하면서 세상은 흘러가고 있다. 각 나라와 각 기업이 암호화폐 결제 시스템을 천천히 채택하고 있다. 조만간 암호화폐의 결제 시스템이 전 세계적으로 채택되는 날이 올 것이다. 그리되면 암호화폐와 그 대표인 비트코인은 제2의 성장을 하며 전 세계적으로 일반화될 것이다.

그 이전이기 때문에 우리에게는 아직 기회가 있다. 가치가 있기에 죽지 않고 이때까지 살아왔다. 이젠 그 누구도 부정할 수 없다. 긍정해야만 하는 상식으로 바뀌고 있다. 전 세계적인 결제 시스템이 돌아가는 날이 오면 제2의 성장기를 비트코인은 가지며 인터넷, 디지털 세상은 일반화될 것이다.

아날로그 시대에서 인터넷, 디지털 세상으로 바뀌는 요즘 인간미가 사라져 간다고 한다. 그 말도 맞는 말이다. 하지만 세상은 변화고 또 변한다. 그게 역사이기 때문이다.

4차 산업혁명, 인터넷, 디지털 세상이 본격적으로 시작되는 2022년이다. 조금이나마 인간미가 넘치는 세상 그리고 여유로운 세상을 꿈꾸는 이들도 많을 것이다. 나 또한 그렇다. 하지만 유유히 흐르는 역사의 흐름은 그 누구도 바꿀 수가 없다. 바뀌는 세상에 순응하며 더 아름다운 세상을 함께 만드는 각자의 노력은 반드시 필요할 것이다.

04

비트코인의 과거를 알면 투자 가치가 보인다

우리가 세상에 존재하게 된 것은 누군가의 아들, 딸로 세상에 태어난 것이다. 개인으로 보면 부모님이 계시기 때문에 세상에 태어나 호흡하며 생활하고 있다. 지구라는 행성에 존재하며 반드시 인간관계를 맺으며 살고 있다. 현실에 충실하며 미래를 꿈꾸며 생활한다. 과거가 있기에 현재가 있고 미래가 있다. 개인의 과거를 알면 미래를 대략 추측할 수 있다. 과거 없는 사람은 없다.

국가적으로 볼 때 각 국가는 항상 역사와 전통을 자랑한다. 그만큼 역사는 중요한 것이다. 우리나라에서도 역사 공부는 중요하게 생각을 하고 있다. 왜냐하면 역사를 알면 미래가 보이기 때문이다.

비트코인 역사를 알아야 미래가 보일 것이고 그 가치를 평가할 수 있을 것이다. 비트코인은 2009년 1월 나카모토 사토시라는 익명의 개발자에 의해 인터넷에 탄생했다. 탄생한 계기는 2008년에 세계 경제를 뒤흔들었던 '리먼브라더스' 사태 때문이었다. 미국에 있는 리먼브라더스는 글로벌 투자은행이었다.

2008년 부실대출로 인해 미국 경제는 마비됐고, 그로 인해 수많은 개인이 파산했다. 미국에서 발생한 금융위기로 우리나라뿐 아니라 전 세계 경제가 휘청했다. 그런데 그 누구도 책임지지 않았다. 금융의 안일한 대처로 국가는 개인의 자산을 지켜주지 못했다.

국가는 돈을 마음대로 찍어내고, 개인이 가지고 있는 돈의 가치는 계속 떨어졌다. 이러한 상황에서 비트코인은 2009년에 처음 생성되었고, 전체 발행 개수는 2,100만 개였다.

처음에 비트코인은 누구도 관심을 가지지 않았다. 소수의 컴퓨터 프로그래머들만 컴퓨터나 노트북으로 채굴하는, 가치가 없는 인터넷상의 숫자일 뿐이었다. 그런데 2010년 역사적인 일이 발생했다. 2010년 5월 22일 핸예츠(Hanyecz)라는 프로그래머가 비트코인 10,000개를 이용해 피자 두 판을 구매한 것이 세계 최초 실물거래로 공식 기록됐다. 그전에는 가치가 거의 없었다. 피자 두 판이 5만 원 정도 하니 비트코인 가치를 약 5원 정도로 평가하면서 거래가 성사됐다.

현재 비트코인 가격은 대략 5,000만 원 하니 지금 가치로 약 5,000억 원이라는 가치를 가졌다. 하지만 핸예츠는 최근 언론 인터뷰에서 후회하지 않는다고 했다. 그는 비트코인 초기 채굴에 참여했던 프로그래머로, 지금 현재 비트코인을 얼마나 가졌는지는 상상에 맡기겠다.

이 사건을 계기로 비트코인은 프로그래머끼리 채굴하면서 명맥을 유지하며 인터넷상 서서히 나왔다. 하지만 중국과 미국은 2010~2019년 사이에 비트코인을 없애기 위해 노력했고, 언론플레이까지 했다.

그 예로 '실크로드 사건'이라고 마약대금을 비트코인으로 결제하는 것을 안 미국은 비트코인을 없애려고 했다. 하지만 비트코인은 몇 년 후 더 위력을 떨치며 세계로 퍼져 나갔다. 심지어 중국은 불법이라고 했지만, 비트코인은 굳건하고 더 강력하게 세상으로 나왔다.

도대체 비트코인이 무엇이길래 두 최강대국이 없애려고 했지만 없애지 못했을까? 그 이유는 인터넷에만 존재하는 숫자라 인터넷을 없애야만 비트코인을 사라지게 할 수 있는 것이다. 인터넷을 없애버리면 전 세계는 암흑천지로 변할 것이다. 특히 요즘은 더 그렇다. 인터넷이 없는 세상이 된다면 전문가들은 원시시대로 돌아갈 것이라고 말한다. 이렇게 해서 비트코인은 없어지지 않고 세상에 주목받기 시작했다.

더 중요한 것은 인터넷, 디지털 세상으로 가기 위해서는 인터넷 보안이 핵심인데, 비트코인을 보다가 그 안에 블록체인 기술이 있다는 것을 세상은 알아버린 것이다. 더는 비트코인을 죽일 수 없다는 것을 깨닫기까지는 12년이란 세월이 걸렸다.

화폐란 서로 간의 믿음이고 신뢰다. 우리가 일상생활에 사용하는 지폐는 실물 화폐다. 단순히 실물로 보자면 종이에 불과하다. 하지만 가치가 생기는 것은 서로에 대한 믿음과 신뢰가 있기에 종이 화폐지만 가치 교환수단으로 사용하고 있다.

초기 비트코인은 단순히 인터넷상 숫자에 불과했다. 다수가 가치를 인정하고 믿음과 신뢰가 싹트기까지 시간이 걸렸지만, 가치는 계속 상승 중인 것이다. 그렇지만 기존 화폐는 국가가 계속 찍어내면 찍어낼수록 가치가 떨어진다.

그러나 비트코인은 2,100만 개 이상 나올 수가 없다. 13년 전 0원 가치가 2022년 2월 현재 5,000만 원을 넘어가고 있다. 13년 만에 5,000만 배 가치가 상승한 것이다. 기존 화폐와 다른 희소성이 있기에 가격은 예상할 수 없이 계속 올라가고 있다.

그 뒤에는 블록체인이 존재한다. 비트코인은 블록체인이라는 신기술을 장착한 무기가 있기에 가치는 무궁무진하다. 블록체인 신기술이 든든하게 지켜주는 배경이 되어 비트코인 미래 가격은 '1억 원 간다, 10억 원 간다, 100억 원 간다, 무한대로 간다'라는 믿기지 않는 예상이 나오고 있다.

다음 도표는 이때까지의 비트코인 가격 그래프다. '블록체인인포' 사이트에 방문하면 볼 수 있다.

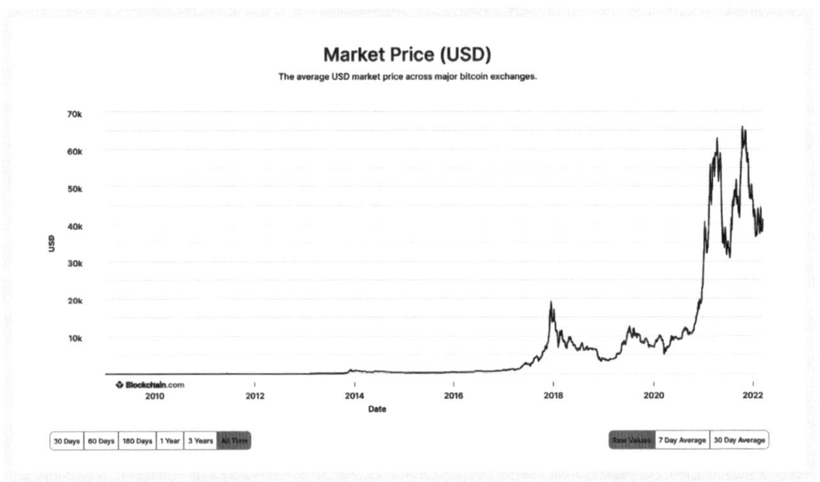

자료 1. 주요 비트코인 거래소의 평균 USD 시장 가격 출처 : 블록체인인포 https://www.blockchain.com/ko/charts

2009년부터 가격이 평행하게 보이지만 확대해보면 가격 변동 폭이 큰 5번 역사가 있었다.

① 70원이 3만 원까지 올랐다가 2,000원까지 떨어졌다. (2011년)

② 2만 원이 30만 원까지 올랐다가 7만 원까지 떨어졌다. (2013년)

③ 15만 원이 130만 원까지 올랐다가 35만 원까지 떨어졌다. (2014년)

④ 100만 원이 2,880만 원까지 올랐다가 400만 원까지 떨어졌다. (2018년)

⑤ 1,000만 원이 8,250만 원까지 올랐다가 3,500만 원까지 떨어졌다. (2021년)

10~50% 가격 변동 폭은 찾아보면 50번 정도가 넘는다. 그만큼 변동성이 크다. 그런데 여기서 주목해야 할 것이 있다. 비트코인 가격은 일시적으로 떨어질지 모르나 13년 동안 계속 우상향하고 있다는 것이다. 장기적으로 보유하면 무조건 오르는 것이다.

비트코인은 4년마다 반감기(하루에 채굴되는 수가 대략 4년마다 반씩 줄어든다)가 있다. 2140년까지 2,100만 개 채굴이 다 된다. 수수료가 있어 계속 채굴(거래내역)이 될 것이다.

어떤 형님은 2016년에 비트코인 시세가 60만 원 할 때 매수해서 2,000만 할 때 매도해 수백억 원을 벌었다고 들었다. 그분은 공부와 분석을 철저히 했다는 후문이다. 전 세계 여행 중이라 한다. 그런데 계속 보유하고 있었으면 어땠을까?

비트코인은 일시적으로 가격하락이 있을 수 있지만, 시간이 지나면서 당당하고 굳건하게 우상향하고 있다. 가격이 계속 오르고 있다. 왜냐하면 2,100만 개라는 희소가치가 있기 때문이다. 과거를 보면 미래를 추측할 수 있다. 어떠한가? 투자 가치가 보이지 않는가? 선택은 본인 몫이다.

05

비트코인은 미래를 바꾸는 투자 상품이다

살아가면서 행복할 때도 있고 불행할 때도 있다. 이런저런 시련을 겪고 풍파를 겪으며 살아간다. 개인 삶은 살다 보면 예상치 못한 일이 발생하고 예상치 못한 행운이 우리에게 가끔 다가온다. 주위를 둘러보면 행운을 항상 가져오는 사람이 있다. 항상 즐거운 미소와 상대를 배려하고 응원의 말로 격려도 해준다. 삶을 적극적으로 살 수 있게 용기를 주는 사람은 항상 인기도 좋고 귀한 대접을 받는다.

청소년기에 《삼국지》가 너무 재미있어 8권 전집을 10번 정도 읽었다. '통합되면 나누고 나뉘면 곧 통합된다'라는 말이 아직도 가슴에 남아 있다. 인생사 만나면 헤어지고 헤어지면 만난다. 한 국가의 역사도 마찬가지다. 대한민국은 지금 남한과 북한으로 분단된 전 세계 유일의 분단국이다. 역사를 살펴보면 분열과 통합의 반복이었다. 얼마 지나지 않아 반드시 남북한이 하나로 되는 꿈을 꾸어 본다.

과거와 현재 미래는 공존하며 미래를 향해 역사는 힘차게 흘러가고 있다. 대한민국은 과거 1950년 전쟁 직후 절대적으로 외국의 도움을 받을 수밖에 없는 상황이었다. 하지만 시간은 흐르고 흘러 대한민국은 사실상 G8 국가로 성장했다. 이제는 세계에 도움을 주는 국가로 성장한 것이다.

최고급 인력과 세상 변화를 주도하는 IT 강국으로 이제는 세계를 리드하고 있다. 경제 규모에서도 대한민국의 GDP 순위는 세계 9위다. 미래 예측 학자들은 대한민국은 몇 년 안에 세계 5위 안에 들어갈 확률이 높다고 예측한다. 자랑스러운 대한민국은 곧 최상급 선진국이 될 것이라 확신한다.

우리나라는 천연자원이 부족하다. 그러나 고급 인력이 많아 미래를 예측하고 미래 산업 관련에 중점적으로 투자한다. 대한민국은 전 세계를 통틀어 IT 강국이며 기술력이 강하다.

그래서 미래 산업 관련 신기술을 보유해서 점점 선진국 역할을 하고 있다. 미래를 이끌어 나가고 있다. 정치의 후진성만 극복할 수 있다면 대한민국은 더 발전해 세계를 리드할 국가로 반드시 나아갈 것이다.

지금은 4차 산업혁명이 시작되고 있다. 불과 몇 년 전만 하더라도 비트코인을 두고 사기니 거품이니 해서 부정적인 시각이 많았다. 기득권을 가진 전 세계 국가들은 비트코인을 없애버리려고 수많은 시도를 했다. 두드리면 두드릴수록 더 강해지는 강철처럼 더 강력해졌다. 이제야 대한민국도 그 중요성을 알아 인터넷 관련 산업 및 특히 블록체인 관련 산업을 발전시키겠다고 한다.

현재는 블록체인과 함께 비트코인이 제도권 안으로 들어오고 있다. 그에 더해 각 시와 각 도를 특정해서 블록체인 특구를 만드는 야심 찬 계획도 가지며 국가 정책으로 진행하고 있다. 아직 법은 미비하지만 곧 활기차게 진행될 것으로 예측한다. 2022년 대선 후보자들이 내세운 공약에도 블록체인은 대한민국의 주요 미래 산업 신성장 동력이라고 보았다.

이제 우리는 알고 있다. 블록체인과 비트코인은 항상 함께 가야 한다는 것을 이해하게 됐다. 4차 산업혁명은 인터넷, 디지털 세상이라고 정의할 수 있다. 그 세상을 움직이려면 반드시 코인이 그 중심에 있어야 인터넷, 디지털 세상이 더 발전될 수 있다. 4차 산업혁명이 제대로 시작하기 전인데도 비트코인의 가격 평가가 5,000만 원을 훌쩍 넘어가고 있다.

블록체인이 꿈꾸는 세상은 공유 경제로 표현할 수 있다. 세금은 국가의 수익이다. 그러나 더 큰 수익이 있다. 이때까지 화폐는 중앙국가가 발행해 발행비용과 유통비용을 제외한 나머지 이익은 국가의 수익이었다. 그 수익으로 국가를 운영하는 점도 있었다. 시뇨리지 효과(Seigniorage Effect)라고 한다.

그런데 민간에서 암호화폐 발행을 수행하려는 초기 시도가 있었다. 각국은 무시했다. 점차 커 왔다. 그래서 없애려고 했다. 없어지지 않았다. 더 탄압했다. 하지만 굳건하고 맹렬하게 세계적으로 퍼져 지금은 인정해야만 하는 시대로 변한 것이다.

특히 암호화폐의 시초인 비트코인은 13년간 시련을 겪어왔다. 그 많았던 탄압에도 불구하고 더 성숙했다. 이제는 국가의 중앙화된 화폐 권력을 민간에서 화폐 권력을 나누어 가지기 시작했다. 이것은 민간의 봉기였다. 진정한 경제 민주주의를 외쳤고 공유 경제를 표명했다. 이제야 인정받고 있다.

블록체인은 비트코인과 함께 간다. 블록체인은 세계를 바꾸고 있다. 그와 함께 하는 비트코인의 가치는 끝도 모르게 오르고 있다. 2022년부터는 비트코인을 부정하는 논객들과 언론 내용은 싹 다 없어졌다. 이제는 첫발을 내딛고 있다. 이제는 규제 안으로 들어오며 법제화되고 활성화되고 있다.

이렇게 비트코인은 13년 만에 국가마저도 인정할 수밖에 없었다. 이제는 국가 발행 화폐와 민간 발행 암호화폐가 공존하는 시대로 바뀌고 있다. 선진국과 많은 경제 후진국들은 비트코인 활용을 국가 차원에서 지원하고 있다. 대통령까지 나서서 그 활용 방안을 적극적으로 모색하라고까지 말한다. 개인들도 이제는 받아들이는 추세가 강하다. 가격만 보는 것이 아니라 가치를 알아가고 있기 때문이다. 투기가 아니라 투자의 관점에서 보는 시각들이 우세해지고 있다.

부자들은 정보가 빠르다. 그래서 큰손들과 기업들, 국가마저도 블록체인과 함께 가는 비트코인의 가치에 주목해 투자하고 있다. 코인 관련 뉴스를 검색해보면 영국, 미국, 러시아, 프랑스, 일본, 선진국뿐 아니라 경제 위기를 극복하기 위해 후진국들도 점차 제도화하고 있다. 정보를 알아챈 발 빠른 개인들도 암호화폐의 대표 격인 비트코인으로 발을 들여놓기 시작했다.

대립이 잦았던 러시아와 중국이 이제는 연합하면서 블록체인을 발전시키겠다고 한다. 인도는 인구가 세계 2위로 많은 국가다. 2022년 초에 드디어 블록체인을 국가사업으로 발전시키고 암호화폐 관련 세금을 거두겠다고 하면서 제도권 안으로 받아들이려는 노력을 하고 있다. 세상은 이렇게 블록체인과 비트코인으로 이동 중이다.

대한민국은 젊은 세대의 표를 의식해서인지 암호화폐 관련 과세를 1년 늦추는 법안이 민심에 못 이겨 통과됐다. 대한민국 정부는 더 이상 부정적 시각으로 접근했다가는 국민에게 호되게 뭇매를 맞을 거 같아 한발 후퇴했다. 국민의 힘이 더 강력해졌고 정부도 시대의 흐름을 직시하고 있다.

전 세계 암호화폐 하루 거래량이 100조 원이 훌쩍 넘어가고 있다. 비트코인은 하루 암호화폐 거래량의 40~60%를 차지한다. 4차 산업혁명의 뿌리 기술인 블록체인과 함께 갈 수밖에 없는 암호화폐 중 대표인 비트코인의 가치를 확신하기 때문에 자금이 몰려들고 있다.

비트코인은 이제는 투기 상품이 아니다. 미래를 바꿀 수 있는 핵심 기술인 블록체인과 함께 하는 비트코인은 미래 사회를 바꿀 수 있는 핵심 가치를 가진 인류의 새로운 투자 상품이다. 미래를 바꾸는 가치에 투자하는 거대 자본들의 유입이 본격적으로 시작되고 있다.

06

100년 만에 기회가 왔다

알리바바의 마윈(馬雲)은 "성공하는 사람들은 믿기 때문에 보인다. 일반 사람들은 보이기 때문에 믿는다. 실패하는 사람들은 보고도 믿지 않는다"라고 말했다. 이처럼 신화적인 성공을 이룬 그는 미리 세상이 변하는 것을 믿었다. 알다시피 세계적인 기업 알리바바를 만들어 성공신화를 이뤘다. 알리바바의 하루 매출만 10조 원이 훨씬 넘어간다. 중국 명절 때는 하루 매출이 50조 원이 훌쩍 넘어가는 세계적인 대기업으로 발전했다. 불과 20여 년밖에 되지 않은 기업이다.

마윈은 온라인상 보이지 않는 시장을 예측하고 믿었고 봤기 때문에 확신했다. 적극적으로 사업을 진행하면서 세상의 변화를 믿었고 그것을 현실화한 것이다. 일반 사람들은 보고도 믿지 않는 사람도 있고, 보여야만 믿는 사람도 있다.

애플의 CEO였던 스티브 잡스(Steve Jobs)도 보이지 않는 것을 현실화했다. 그로 인해 세계를 선도했다. 애플은 최고의 브랜드 가치를 가지고 있다. 빌 게이츠(Bill Gates)의 마이크로소프트사도 보이지 않았던 것을 믿고 현실화했다. 시대의 흐름을 미리 알고 실행했던 것이다. 그 외에 현재 선두를 달리는 세계적 기업은 우리가 알기 전에 준비하고 계획하며 실행했다.

현재 4차 산업혁명의 초입에도 우리가 몇 년 후 알게 될 기업들은 사활을 걸고 사업을 진행 중일 것이다. 세상은 항상 변화를 추구하며 발전을 추구한다. 지금의 시장은 기존의 오프라인에서 온라인으로 대거 넘어온 상황이다. 이로 인해 택배 관련 일이 호황을 누리고 있다.

쿠팡의 경우를 보면 온라인 마켓과 택배 관련 일을 해서 어마어마한 부를 축적하고 있다. 현재 무인 드론 택배 자동 시스템까지 연구 중이며 실행화를 위해 전진하고 있다. 기업가들은 4차 산업혁명을 온몸으로 받아들이고 있다. 그 끝을 알 수 없는 4차 산업혁명이 본격적으로 시작되고 있다.

일반적인 개인은 최신 정보를 찾기 어렵고, 반응도 늦다. 하지만 성공한 개인은 똑똑하고, 부지런하고, 성실하게 성공을 이뤄냈다. 그러나 그들이 시대적 흐름을 알지 못했다면 큰 부를 이룰 수 없었을 것이다.

사양 사업을 운영하면 가난으로 이끌 수 있다. 시대적 흐름으로 뜨는 사업을 운영하면 큰 부를 이뤄낼 수 있다. 기업과 개인 운명은 시대 운명을 이기지 못한다. 그래서 시대의 흐름을 알고 세계적 흐름을 반드시 알아야 한다. 좋아하든 싫어하든 세상의 흐름은 알고 있어야 부의 기회를 잡을 수 있다.

지금은 4차 산업혁명으로 지각 변동이 일어나는 시대다. 새로운 100년의 변혁시대로 변하는 시작점에 있다. 새로운 큰 판이 바뀌고 있다. 그래서 기회가 있다. 관점만 조금 바꾸면 기회가 보이고 관점을 바꾸지 않으면 보이지 않고 위기가 닥치는 것이다. 그래서 기업들은 사활을 걸고 변화를 추구한다. 기업들은 세계적 흐름을 알고 싶어 엄청난 돈을 들여 전문연구소에 의뢰까지 한다. 시대의 흐름을 반드시 알아야 망하지 않고 발전할 수 있다.

그러나 개인들은 정보의 홍수 속에서 진정성 있는 정보다운 정보를 얻기 힘들다. 그래서 철저하게 준비하는 시간이 필요한 것이다. 기업의 운명도 시대의 운명을 이기지 못한다. 더구나 개인은 더 그럴 것이다. 시대의 흐름을 읽어낼 수 있는 눈을 가지기 위해 공부하는 것이다. 그런 까닭으로 준비해서 시대적 흐름을 잘 탔던 사람들은 성공했고 부를 이뤄 나갔다. 시대적 흐름을 읽은 것이다.

우선 시대적 흐름을 살필 때는 세계적 강대국인 미국과 중국을 보면 흐름을 대강이라도 파악할 수 있다. 베이징 올림픽을 성공적으로 마친 중국은 4차 산업혁명 시대에 비트코인은 죽이고 블록체인을 발전시키겠다고 한다. 블록체인을 국가적 차원에서 발전시키겠다고 공중파를 통해 알리고 있다. 블록체인과 비트코인은 반드시 함께 가는데 과거에 말했던 것과 똑같이 말장난하고 있다. 수십, 수백만 번을 공표했다. 조만간 디지털 위안화가 완성되면 또 언제 그랬냐 하는 모습을 보이며 비트코인은 다시 부활을 알릴 것이다.

미국은 연방정부로 구성돼 있다. 50개 주가 연합한 연방 국가다. 물론 각 주도 독립 국가처럼 독립적인 권한이 부여돼 있다. 각 주는 지금 블록체인과 비트코인을 발전시키기 위해 채굴장을 유치하거나 암호화폐 관련 규제법을 만들고, 관련 산업을 육성하기 위해 특혜를 주고 있다. 세금을 비트코인으로 받는 주도 생기고 있으며, 암호화폐를 월급으로 주는 주도 생기고 있다. 심지어 한 주는 비트코인을 법정 화폐로 인정하는 법안을 발의하는 현상까지 일어나고 있다.

우리는 두 강대국만 보더라도 흐름을 대강이라도 알 수 있다. 지금은 몇 년 전과 완전히 다르다. 이제는 법제화 및 활성화가 문제지, 암호화폐를 부정적으로 보는 시각은 거의 없다. 왜일까? 시대적 흐름을 알기 시작했다는 것이다. 거부할 수 없어서 이제는 받아들이고 있다. 4차 산업혁명의 인터넷, 디지털 세상에서는 블록체인과 비트코인이 함께 갈 수밖에 없다는 것을 확실하게 알아버린 것이다. 디지털 세상을 움직이는 원동력으로 암호화폐와 비트코인을 바라보기 시작했다. 그 활용이 무궁무진한 거대한 흐름을 포착했다. 그래서 전 세계가 블록체인과 암호화폐, 특히 비트코인으로 들어오고 있다.

그러나 개인은 암호화폐 시장을 주식 시장처럼 보는 사람이 대부분이다. 하지만 우리에게는 아직도 기회가 있다. 시대적 판이 본격적으로 바뀌려고 하고 있기 때문이다. 기업은 물론 국가마저도 인정하고 이제 시작하고 있다. 그래서 기회가 있다.

우리 개인들도 이 흐름을 깨닫고 알아채서 그 기회를 잡아야 한다. 새로운 부의 판도를 바꿀 기회가 100년 만에 우리 당대에 와 있는 것이다. 얼마 후 그 누구는 세계적 부자로 변할 것이며, 세상의 발전을 위해 그 부를 나눌 것이다.

지금도 상상할 수 없는 짧은 시간에 부를 이루는 이들도 극소수 나오고 있다. 아직 제대로 시작도 하지 않은 상황에서 말이다. 불과 1~3년뿐이 지나지 않았다. 판이 바뀌는 상황에서 앞으로 우리에게 10년 정도는 큰 기회가 될 것이다.

4차 산업혁명 시작을 알리는 원년인 2022년이 시작됐다. 우리에게 100년 만에 기회가 왔다고, 기회를 잡으라고 손짓하고 있다. 그 기회를 잡을 것인가? 기회를 그냥 쳐다만 볼 것인가?

07

비트코인 투자, 지금 못하면 앞으로도 못한다

2017년, 처음 비트코인이라는 단어를 들었을 때가 생각난다. 단순히 인터넷상 게임머니처럼 생각했다. 고스톱 머니나 포커 머니로만 생각했다. 당시 인터넷 게임이 인기 있어 게임에서만 쓸 수 있는 게임머니로 여겨졌다. 그러나 실제 현금처럼 현금화도 바로 된다는 것을 보고 놀랐다.

주식 경험이 있던지라 오로지 가격만 보고 사고팔고 했다. 그래서 용돈을 조금 버는 정도로 만족했다. 하지만 2017년 연말이 되면서 비트코인 가격이 폭등했다. 아니 열광하게 만들었다. 100만 원 정도 하던 비트코인이 2,880만 원까지 가는 최고가를 찍는 것을 보고 누가 열광하지 않겠는가? 1,000만 원을 비트코인에 투자했다. 그 수익이 4,000만 원 이상 수익이 나고 있었다. 나도 열광했다. 대한민국 정부는 과열로 인한 경제 마비를 두려워해 언론을 통해 계속 부정적 내용만 전달했다. 대한민국 정부는 법 테두리 안에서 없애겠다는 언론 발표까지도 했다. 그 광풍을 잠재우기 시작했던 것이다.

대중은 2017년의 암호화폐는 가격만 봤지 가치를 대부분 모르고 있었다. 법이 미비했기도 하고, 대한민국 정부가 암호화폐 관련 지식이 부족했던 것도 있다. 그래서 암호화폐를 처음 시작한 분들은 가격이 더 하락할 것이 두려워 손해를 보고 비트코인을 매도했다. 나도 그랬다.

핸드폰으로 시세를 보다 참지 못하고 이불 위에 폰을 던져 버렸다. "이제 비트코인을 절대 안 해!" 하면서 6개월 정도는 현업인 장례지도사 일과 보험 자산관리 설계사 일에 충실했다.

투자는 더 이상 하지 않았다. 집에 있는 비트코인 관련 책이 3권 있어 틈나는 대로 공부했다. 공부하니 가격이 아니라 비트코인의 가치와 개념을 이해하게 됐다. 비트코인을 다른 관점에서 보기 시작했다.

그러다 궁금한 것이 있어, 주위 분에게 문의해도 비트코인 가격만 이야기하지 궁금증을 해소하기 힘들었다. 궁금증이 해결되지 않으면 답답해하는 성격이어서 본격적으로 6개월간 독학을 했다. '비트코인이 이런 거구나. 인터넷, 디지털 세상에 꼭 필요한 거구나!' 절로 감탄사가 나왔다.

자칭 대한민국 전문가들의 모순과 잘못 알고 있는 부분들이 보이기 시작했다. 정부의 관여와 규제로 인해 원금 중 300만 원을 손해 보고 단순 암호화폐 트레이딩 시장에서 나왔다. 대한민국이 암호화폐 관련 시장을 세계적으로 계속 리드할 수 있었는데 그 기회를 놓친 것이 지금 생각하면 안타깝다.

2022년은 판이 완전히 달라지고 있다. 그러나 대한민국은 암호화폐 관련 후진국이다. 미국과 러시아 일본 영국 등 수많은 국가를 보라. 암호화폐를 국가의 사활을 건 사업으로 추진하고 있다. 러시아와 중국은 블록체인 관련 사업을 국가적으로 연합할 정도다. 미국은 추세를 지켜보며 서서히 움직이고 있다. 관련 제도 정비와 돈이 흐르니 세금까지 확실히 걷겠다며 제도를 정비하고 있다.

2022년부터는 제도권 안으로 비트코인이 들어오기 시작했다. 2000년 초기에는 부동산이 기회의 투자처로 생각했다. 부동산 붐이 일어나면서 공인 중개사, 경매 등 부동산 관련 일이 성행했다. 그만큼 부동산 자산을 가진 부자들이 많이 탄생했다. 그런데 최근에는 디지털 세상으로 바뀌면서 2030세대들이 적극적으로 공부해 코인 시장에 뛰어들고 있다.

그전에 부동산이 그랬던 것처럼 비트코인이 많은 이들에게 기회의 투자처, 부의 이동을 이뤄 주는 기회로 다가온 것이다. 이렇게 비트코인은 생소하고 새로운 아이템으로 전문가들이 아직은 부족한 편이다.

알기 쉽게 빨리 이해시켜 줄 수 있는 사람의 등장을 원하고 있다.

중요한 사항이라 다시 한번 살펴보자.

블록체인은 비트코인 거래장부를 만드는 일이다. 은행과 같은 일도 한다. 비트코인이 만들어지면 채굴자들에게 보상으로 비트코인을 준다. 그 비트코인이 일반 화폐처럼 교환, 지불, 가치척도, 가치저장 수단이 생겼다. 기존의 일반 화폐 역할까지 하는 암호화폐가 됐다.

민간에서 화폐를 발행하는 권력까지 생기게 된 것이다. 각국은 국가만 가진 화폐 발행 권력을 민간에게 주고 싶지 않았다. 하지만 이제는 인정해야만 하는 시대가 온 것이다.

2021년부터 비트코인은 전 국민에게 이슈다. 가격이 최저 370만 원까지 하락하며 대중의 관심사에서 벗어난 듯했지만, 사람들은 시간이 흐르면서 비트코인의 진정한 가치를 알게 됐다. 2021년에 비트코인 가격은 다시 신고가를 갱신하며 8,250만 원까지 갔다. 또다시 대중들이 가격에 열광했다. 전 세계가 미쳤다 해도 과언이 아닐 것이다. 그러나 다시 3,500만 원으로 하락했다가 2022년 2월 현재, 비트코인은 개당 가격이 5,000만 원을 훌쩍 넘어가고 있다. 역사적으로 비트코인 가격을 보면 숨 고르기를 하는 듯하다.

이제는 블록체인과 비트코인이 함께 가는 것을 전 세계가 알아차리고 있다. 4차 산업혁명에 반드시 필요한 블록체인 신기술과 함께 가는 비트코인의 가치를 인정하고 있다. 비트코인이 완전히 법제화되기 전까지 우리에게는 기회가 있을 것이다. 그래서 비트코인 투자, 지금 못하면 앞으로도 못할 것이다. 언제 당신은 시작할 것인가?

100
DIGITAL
DECENTRALIZED

PART 2

코로나 시대, 최고의 재테크는 비트코인이다

01

평생 월급으로만 살 수 없다

우리는 먹고살기 위해 반드시 경제 활동을 해야 한다. 또한, 경제 활동에 따른 세금을 반드시 내야 한다. 어쨌든 우리는 돈이 필요하고 돈은 세상을 돌아가게 하는 윤활유 같은 역할을 한다. 경제 활동을 해야 먹고살 수 있고 세금도 낼 수가 있다. 그래서 돈을 벌어야 한다.

자영업을 하든 직장에 다니든 우리는 일차적으로 돈을 벌기 위해 경제 활동을 한다. 호황기도 있고 불황기도 있다. 그래서 다수는 안정적 직장을 선호하는 경향이 있다. 경기가 좋든 나쁘든 일정한 수입이 생겨 나름대로 안정적인 생활을 할 수 있기 때문이다.

하지만 월급을 받는 직장인들 대부분은 빠듯한 일상생활을 한다.

월급을 갑자기 배로 받는 경우가 드물기에 받는 월급 안에서 계획적인 소비를 하면서 생활한다. 그런데 갑자기 큰돈이 들어갈 상황이 발생하면 난처해진다. 비상금이 없으면 대출까지 알아봐야 하는 경우가 발생한다. 그래서 그 외 수입으로 부업을 생각하고 재테크를 하거나 두 가지 일을 하면서 지내는 경우가 많다. 왜냐하면 일정한 수입, 월급으로만 살기에는 부족하기 때문일 것이다.

2002년부터 직장생활을 시작한 나 또한 평범하게 살았다. 여유가 없어서 한 달에 10만 원이라도 더 벌었으면 하는 바람이었다. 월급날 돈이 통장에 들어오면 수일 안에 통장 잔액이 거의 없었다. 그래서 '더 돈을 벌 수 있는 것이 무엇이 있을까?'라고 자주 생각했다. 수입은 일정하지만 예상치 못한 지출은 반드시 발생했다.

직장생활이 5년 정도 되니 여유 자금이 조금 생겼다. 본격적으로 주식에 투자해봤지만 그리 많은 수익을 내지 못하고 마이너스 플러스를 계산해보면 결국 본전 정도였다. 만만치 않은 주식 시장이었다. 그런데 다수는 주식 시장에서 돈을 잃고, 극소수만 수익을 실현하는 것을 알게 됐다. 그래서 이 정도면 잘했다며 주저 없이 주식 시장을 빠져나왔다.

일반 샐러리맨의 비애는 항상 그 안에 맴돌 뿐 크게 나아지는 것이 없는 듯하다. 물론 그것마저도 감사하자. 그렇지만 직장인이라면 누구나 경제적 풍요를 바랄 것이다. 미래를 꿈꾸며 준비하는 분들도 많을 것이다. 왜냐하면 평생 월급으로만 살 수 없다는 것을 알기 때문이다.

지금은 100세 시대다. 60세 중반이면 대부분 피할 수 없이 퇴사하게 된다. 공무원이 아닌 이상 요즘은 50대만 되어도 명퇴를 준비하는 분들이 꽤 많다. 그럼 나머지 40~50년 동안 먹고사는 문제가 발생한다. 그래서 일반 샐러리맨들의 큰 고민거리다. 직장인들은 평생 월급 받는 일을 찾지만, 찾기 어려운 것이 현실이다.

만일 몸에 이상이 생기거나 회사 존립 문제가 발생한다면 일파만파로 커져 큰 영향을 받는다. 이런 이유로 평생직장은 없다고, 평생 월급을 받을 수 없다고 생각한다. 미래를 대비하지만 쉽게 해결할 수 있는 것이 아니다. 하지만 포기할 수는 없다. 그래서 자영업을 알아보기도 한다.

세상이 변하고 있어 기존 자영업은 10명이 도전하면 9명의 자영업자가 5년 안에 폐업한다. 그러니 너무 위험한 것이다. 본인 자신은 '절대 그렇게 안 될 거야'라고 생각하며 운영하지만, 다수는 폐업하게 되는 것이다.

하지만 시대의 흐름을 잘 간파하고 준비해서, 새로운 블루오션을 시작하면서 성공을 거두는 분도 있다. 아는 형님 중 인터넷 쇼핑몰을 운영하는데, 중국에서 물건을 가져와 우리나라 인터넷 쇼핑몰에 파는 사업을 5년 전부터 시작했다. 처음 몇 년간은 유지 정도만 했다.

시대가 갑자기 코로나 시대로 바뀌면서 인터넷 쇼핑몰에 물건이 모자라 물건이 들어오는 대로 팔고 있다. 대부분 불경기라 하는데 호황을 누리고 있다. 많이 파는 것이 중요한 게 아니라 물량 확보가 관건이라고 말씀하신다.

위기 속에 기회가 있다고 했던가! 대부분 사업이 불황이라도 반드시 호황 산업은 있기 마련이다. 그래서 대부분 힘든 경제 상황인데도 호황 산업이 있어 명품이나 비싼 외제 고급 자동차 등은 판매가 늘어나고 있다.

많은 사람이 경쟁하는 사업을 '레드오션'이라 하고, 사람들이 적어 경쟁이 거의 없는 사업을 '블루오션'이라 한다. 다수가 하는 레드오션보다 시대 흐름을 알아채고 준비해서 블루오션을 찾아야 한다. 블루오션을 찾는다면 성공과 부를 한꺼번에 이룰 수 있을 것이다.

세계 최고의 미래학자 토머스 프레이(Thomas Frey)는 떠오르는 미래의 기술과 일자리들로 사물 인터넷, 드론 서비스, 무인 자동차, 디지털 암호화폐, 3D 프린터, 인공지능, 개인 로봇, 로봇 도우미 등을 열거했다. 그중 1등으로 지목한 것은 디지털 암호화폐 관련 일을 언급했다. 즉, 블루오션이란 것이다. 평범한 우리는 디지털 암호화폐 외에는 접근하기가 어렵다. 일반인이 디지털 암호화폐 관련 일에 접근하는 것은 그리 어렵지 않다. 아직 소수만 들어와 있다. 시간을 내어 공부하고 준비하면, 어렵지 않게 접근할 수 있다. 대중이 잘 모르는 블루오션인 것이다.

대부분 평생 직장생활을 할 수 없다. 평생 월급을 받을 수 없다. 일정한 나이가 되면 반드시 퇴사하게 된다. 아니면 예상치 못한 일로 회사를 그만둘 수도 있다. 준비하고 준비해야 한다. 미래의 먹거리를 마련하고 준비해야 한다. 미래가 더 많이 남아 있기 때문이다.

암호화폐 관련된 일을 찾아보면 단순히 싸게 매수해서 비싸게 팔아 수익을 실현하는 트레이딩이라는 방법이 있다. 채굴 배당을 받는 방법도 있다. 암호화폐를 맡기고 이자를 받는 방법, 즉 '디파이'라는 분야도 새롭게 탄생하고 있다. 얼마든지 관심을 가지고 깊게 분석하면 다양한 방법들이 있다.

단지 모른다고 아직 안정적이지 않다고 배척한다면 기회는 조용히 지나갈 것이다. 누군가는 암호화폐에 기회가 있다고 느끼고 실행했다. 소수의 사람은 수익을 실현하고 있다. 암호화폐 관련 일에 관심을 가지고 기회를 찾아 부를 만들어가고 있다.

나를 항상 응원해주시는 50대 후반인 K형님은 10년 전까지만 하더라도 안정적인 직장생활을 했다. 하지만 예상치 못하게 퇴사하고 나서 치킨 배달, 건설공사장 인부, 오토바이 택배 등 여러 가지 일을 하며 고생했다. 그러다가 2014년부터는 암호화폐가 기회라는 것을 알고 공부해서 8년 만에 100억 원대 자산가로 우뚝 섰다.

주위에 선한 영향력을 끼치고 많은 분을 도와주고 있다. 그 원천은 암호화폐 관련 일에서 기회를 찾았다. 암호화폐를 대부분 부정할 때 새로운 블루오션이라고 이해한 것이다. 그래서 돈을 벌었으며 새로운 기회를 찾은 것이다. 미래에 대한 걱정은 없으며 주위 분들과 함께 부자가 됐으면 하는 바람으로 살아가고 있다. 나도 가끔 뵈며 함께 차를 마신다.

그동안 내게 많은 사람이 비트코인, 블록체인에 대한 책을 한 번 써볼 것을 권유했다. 처음에는 '내가 어떻게 책을 쓸 수 있을까?', '책은 아무나 쓰나?' 이런 두려움 때문에 책을 쓸 생각을 하지 못했다. 그러나 가만히 생각해보니 주위에 나보다 더 비트코인과 블록체인에 대해 잘 아는 사람은 없었다. 그리고 나보다 더 쉽게 설명해주고 실질적인 정보를 전달해줄 수 있는 사람도 없다는 것을 깨달았다. 나는 용기를 내어 책을 쓰기로 했다.

책을 써본 적이 없는 생초보이기에 책 쓰는 법에 대한 정보를 얻기 위해 인터넷 검색을 했다. 그때 <한국책쓰기강사양성협회(이하 한책협)>의 김태광 대표를 알게 됐다. 김태광 대표는 25년 동안 300권의 책을 집필했고, 12년 동안 1,200명의 평범한 사람들을 3~4주 만에 작가로 만든 최고의 책 쓰기 코치였다. 나는 그의 책들 가운데 《더 세븐 시크릿》, 《평범한 사람을 1개월 만에 작가로 만드는 책쓰기 특강》, 《1년에 10권도 읽지 않던 김대리는 어떻게 1개월 만에 작가가 됐을까》를 읽었다. 유튜브 채널 '한국책쓰기강사양성협회 TV' 채널에 올라와 있는 책 쓰기와 1인 창업에 관한 영상들을 보면서 신세계를 발견했다. 가히 충격이었다. 나처럼 평생 책을 써보지 않은 생초보도 단기간에 책을 쓸 수 있겠다는 자신감과 믿음이 생겨났다.

바로 한책협에서 진행하고 있는 책 쓰기 교육과정에 등록했다. 그리고 말도 안 되는 일이 일어났다. 책 쓰기 교육과정에 등록한 지 3주 만에 출판 계약을 한 것이다. 나는 책 쓰기 교육을 받으면서 책만 쓸 수 있게 된 것이 아니다. 무엇보다 의식 변화가 가장 컸고 구체적인 꿈과 목표가 생겨났다. 앞으로 내가 가진 지식과 경험, 노하우를 어떻게 활용할지에 대해 제대로 배울 수 있었다. 나는 책을 쓰고자 하는 사람들에게 단언컨대 한책협을 추천하고 싶다.

우리는 평생 월급으로만 살 수는 없다. 월급이 오르는 것보다 물가가 더 올라가고 있다. 살다 보면 어떤 일이 생길지 아무도 모른다. 예상하지 못한 일은 우리에게 불현듯 다가온다. 평생 직장인으로만 우리는 살아갈 수 없다. 월급으로만 살 수는 없다. 직장이 우리를 평생 책임져 주지 않기 때문이다.

인생은 길다. 특히 100세 시대인 요즘은 퇴사 후 남은 인생이 더 길다. '인생은 60대부터다'라는 말이 요즘 유행이다. 그만큼 수명이 길어졌기 때문이다. 무엇보다 제일 중요한 것은 건강이다. 건강이 유지되는 이상 극소수의 부자들만 제외하고 대부분 평생 돈을 벌어야 한다.

암호화폐 관련 일은 아직 기회의 땅이다. 서부개척시대로 비유하면 기를 먼저 꽂는 사람이 주인이다. 가격만 보지 말고 가치를 보면 보일 것이다. 4차 산업혁명의 뿌리는 블록체인이고, 비트코인도 함께 등장했다. 2022년에 암호화폐는 제대로 부각되는 원년이 될 것이다. 왜냐하면 제도권 안으로 들어오는 원년이 될 것이기 때문이다.

기회는 항상 찾는 이에게 보이고 느끼는 사람에게 보일 것이다. 그 기회를 잡을지 말지는, 본인 선택만 남았다.

02

노동이 아니라 내 자본이 일하게 하라

노동은 신성한 것이다. 역사적으로 노동은 신성시돼 왔다. 당연히 노동은 존중받아 왔다. 그럼 땀 흘리는 육체적 노동만 신성한 것인가? 노동과 다른 자본을 신성시하면 안 되는 것인가? 노동이 절대적으로 필요한 농경사회와 대량생산 시대에는 많은 노동이 필요했다. 노동하지 않으면 생산물이 없고 먹고사는 데 지장이 있었기 때문이다.

사회가 변하면서 기계화, 자동화로 인해 노동은 과거와는 다른 방향으로 바뀌고 있다. 노동이 중요하지만, 사람의 노동을 대체할 기술력이 발달해 단순 노동 가치는 계속 떨어지고 있다. 단순 노동은 대체 인력이 많아 경쟁이 심하다. 그런 까닭으로 노동 시장 가치는 떨어지고 있다. 그래서 창조적 두뇌라든가 그 사람만 할 수 있는 이른바 전문가들은 계속 가치가 올라가고 있다. 노동으로 일하는 것은 시간적, 장소적 한계가 있다. 사람 몸에 이상이라도 생기면 육체적 노동을 제공하지 못하고, 경제적 활동을 하지 못하는 심각한 문제가 발생한다.

기존 농경사회나 산업사회에서 부를 이루기 위해서는 노동을 해야 했기 때문에 노동의 가치를 최고로 손꼽았다.

하지만 3차, 4차 산업혁명을 거치면서 부의 상징은 노동이 아니라 자본으로 옮겨가고 있다. 즉, 노동이 돈을 버는 것이 아니라 돈이 돈을 벌게 해야 한다는 관심사로 옮겨가는 중이다.

반평생을 노동으로 열심히 일하고 은퇴를 준비하는 이들도 많을 것이다. '이젠 몸이 옛날 같지 않다', '나이가 드니 반응도 느리고 머리 회전도 느려진다' 등등 은퇴 후 삶을 걱정하는 이들이 많을 것이다.

지금은 100세 시대로 살아갈 날이 많다. 하지만 인생 2막을 열어야 할 중요한 순간에 준비되지 않은 분들도 많다. 창업 준비를 해도 그동안 해왔던 관련 일이라도 하면 실패할 확률이 낮지만 새로운 분야의 일을 하면 그만큼 위험성도 높아진다.

지금은 코로나 시대로 기존의 사회적 환경과 많이 달라졌다. 코로나 전의 인간관계는 직접 대면하고 교류하는 시대였으나 현재는 페이스북, 카카오톡, 텔레그램, 줌 등 비대면으로 교류하는 방식으로 바뀌고 있다.

인터넷의 바다에서 각종 정보가 범람하는 까닭에 정보를 얻는 것보다 취사 선택하는 것이 더 중요해졌다. 회의나 미팅도 유튜브나 줌으로 대체되는 시대로 완전히 바뀌고 있다.

시대가 바뀌니 돈도 새로운 곳을 찾아 이동 중이다. 부동산, 금 등에서 암호화폐로 이동 중이다. 왜일까? 당연히 돈이 되니 이동하는 것이다. 더 깊이 생각하면 사람들은 노동으로 돈을 버는 것이 아니라 자본이 돈 버는 일에 더 관심을 가지게 된 것이다.

암호화폐 시장은 주식보다 큰 변동성을 가지고 있고 전 세계적으로 움직이는 거대한 시장이다. 준비하지 않고 진입하면 백전백패다. 이런 까닭으로 연구하고 공부하며 적어도 1~3년 정도 준비해 들어가야 한다.

밖에서 볼 때는 암호화폐 시장이 별것 없어 보이는 시장이다. 하지만 자세히 들여다보면 그렇게 호락호락하지 않다는 것을 알게 된다. 급한 마음으로 '돈을 벌어야지'라는 생각으로 빚을 내어 진입하면 그야말로 좌불안석이 된다. 젊어서 실패는 일어설 힘이라도 있지만, 나이가 들거나 은퇴 후 실패는 일어설 힘도 없어 여생이 나락으로 떨어진다.

주위에 은퇴 후 각종 코인에 관심을 가지며 투자하나 실패한 분들 소식이 종종 들려온다. 급한 마음에 분석도 하지 않고 투자해서 낭패를 보는 분들이 전해 오는 소식이다. 여유 자금 내에서 투자한 분들은 그래도 괜찮지만, 빚을 내면서까지 투기성 투자를 한 분들은 좌절과 술로 보내는 소식을 간접적으로 듣고 있다.

내 '자본이 돈을 벌게 하자!'는 순수하고 좋은 생각이다. 그러나 철저히 준비하지 않고 심지어 빚을 내어 투자하신 분들도 있다. 이런 분들은 결국 얼마 지나지 않아 암호화폐 시장을 떠나버린다. 그러나 여유 자금 내에서 충분히 검토하고 공부하는 시간을 가지는 분도 있다. 더욱이 운 좋게 실력 있고 신뢰감을 주는 멘토까지 만나는 분들은 조금의 수익이라도 난다. 여유로운 마음으로 견뎌 나가고 수익을 실현하는 분들도 또한 많다.

그래서 내 자본이 일해서 수익을 실현하게 하려면 철저히 준비하고 계획하는 시간이 필수적으로 필요하다. 내 자본이니 내 선택과 내 결정으로 돈을 벌게 해야 한다. 돈이 돈을 벌게 하려는 방법을 쉽게만 볼 일이 아니다.

노동은 한계가 있다. 자본은 한계가 없다. 돈이 많고 적음은 존재하더라도 자본은 세상 어디라도 갈 수 있기 때문이다. 노동력처럼 자본도 일하게 하면 '일석이조' 아니겠는가? 직장인은 월급이 한계가 있어 재테크, 즉 내 자본이 일하게 해서 수익을 실현하는 방법을 찾고 있다. 내 자본이 일하게 해서 부자가 되고 싶은 것이다. 그러나 그 또한 만만치 않다. 재테크에 성공하는 사람은 소수라는 것을 알고 있을 것이다. 성공하고 부자가 되는 사람 중 노동과 각종 아이템으로 부자가 된 사람도 많다. 하지만 결국 그들이 말하는 것은 "자본이 일하게 하라"다. 요즘 인기가 많은 '존 리'라는 메리츠 운영자산 대표는 "투자를 통해 자본이 효과적으로 일하게 하는 자본가가 될 것인가요?"라고 말했다. 결국은 자본이 일하게 하라고 강조한다.

대한민국은 투자가 일상화되고 있다. 사람들은 노동이 아니라 자본이 일하게 해서 돈을 벌고 싶어 한다. 부자가 되고 싶은 것이다. 내 자본이 일하게 하는 방법들은 다양하다. 부동산 재테크, 주식 재테크, 금 재테크, 그림 재테크 등. 요즘은 암호화폐 재테크가 큰 관심사다. 이제 암호화폐는 투기성 상품이 아닌 투자 상품으로 바뀌고 있다. 언론에서도 점차 암호화폐와 관련해 긍정적인 기사들이 많이 나오고 있다. 자본이 돈을 벌게 하려면 먼저 준비시간이 필요하다. 돈만 보고 급급할 것이 아니라 그 이면의 것을 보고 투자해 기회를 잡자.

주식 시장도 몇십 년 지났고 다른 재테크 관련 상품들 또한 역사가 많이 흘렀다. 암호화폐 시장이 본격적으로 시작된 것은 얼마 되지 않았다. 아직 제대로 시작도 안 했다는 것이다. 지금부터 준비하고 계획하면 얼마든지 기회가 많다.

주위에는 이런 분도 계신다. "다른 사람들은 암호화폐 트레이딩해서 돈을 버는데 나는 왜 돈을 잃는지 모르겠다"며 상담 요청을 해왔다. 몇 가지 물으니 "가격이 올라가면 매수하고 가격이 떨어지면 매도한다"라고 한다. "아니, 가격이 하락하면 매수하고 가격이 상승하면 매도해야 돈을 벌지요. 안 그래요?" 하니 "가격이 올라가면 더 올라갈 것 같아 매수하고 가격이 떨어지면 더 떨어질 것 같아 매도한다", "하루에 수백 번도 더 가격 시세표를 본다"라고 한다.

가슴을 치며 말씀드렸다. "그렇게 하시려면 주식이나 암호화폐 시장을 쳐다보지도 말고 빠져나오세요"라고 말씀드렸다. 그분은 몇천만 원의 손해를 보고 암호화폐 시장을 빠져나갔다. 심리적으로 준비돼 있지 않고 오직 가격만 보는 경우다. 특히 이런 성향인 분들은 암호화폐 트레이딩은 금물이다. 이 시장은 수많은 심리전이 펼쳐지는 무서운 곳이다.

하지만 가끔 암호화폐 거래소 코인 가격을 보면서 일상생활을 하는 분들은 대부분 수익이 조금이라도 실현된다. 그분들의 공통점은 여유 자금 내에서 가치를 믿고 투자해서 수익을 내는 분들이다. 본인 여유 자금이 일해서 수익을 내는 재테크의 한 방법이다. 많은 돈을 번 분도 있고, 조금의 수익을 실현한 분도 많다. 내 자본이 일해서 돈을 벌려면 먼저 안정적인 심리와 장기적 관점에서 진정한 가치를 알았을 때 그에 대한 보답으로 수익을 실현할 수 있다.

노동이 돈을 버는 것은 나의 시간을 투입하고 육체를 움직인다. 그에 대한 보답으로 돈을 번다. 하지만 자본은 그와 성격이 다르다. 자유롭고 세상 어디를 갈 수 있다. 내 자본이 일해서 돈을 벌게 하려면 그 대상을 보는 안목이 있어야 하며, 심리적인 안정감을 가지고, 정확한 가치 판단을 해야 한다. 더해서 여유 자금으로 한다면 결국은 돈을 벌게 되는 것이다.

03

왜 비트코인에 세계는 열광하고 주목하는가!

며칠 전 어머님과 아침 식사하는데 주식에 대해 이런저런 말씀을 하신다. 삼성전자가 어떻고, 카카오가 어떻고, 코로나 관련 주가 어떻다고 말씀하신다. 천천히 식사하면서 맞장구치면서 아침 식사를 마무리했다. "예, 예" 하면서 주식 시장 돌아가는 이야기도 가끔 듣는다.

어머님은 주식을 30년 정도 하셨다. 내가 주식 할 때 어머님께 자문도 했었다. 가끔은 코인에 관해서 물어오신다. 지금은 어머님마저도 코인에 관심이 생겨 조금의 여윳돈으로 비트코인을 매수하신다. 언론에서 주식 시황을 하는데 일정 시간을 할애해 암호화폐 시황도 보도한다고 말씀하신다. 그만큼 암호화폐는 우리 일상생활로 서서히 다가오고 있다. 곧 상식이 될 것이다.

시가 총액별 최고자산을 확인해보면 1등이 금, 애플, 사우디 아람코, 마이크로 소프트, 구글, 아마존, 은, 테슬라, 비트코인, 버크셔 해서웨이 순이다. 전 세계 총액별 최고자산의 순위를 보면 비트코인이 9위다. 전 세계 상장회사 귀금속 ETF 등 모든 자산에 순위를 매긴 사이트다. 참고로 삼성전자는 22위다.

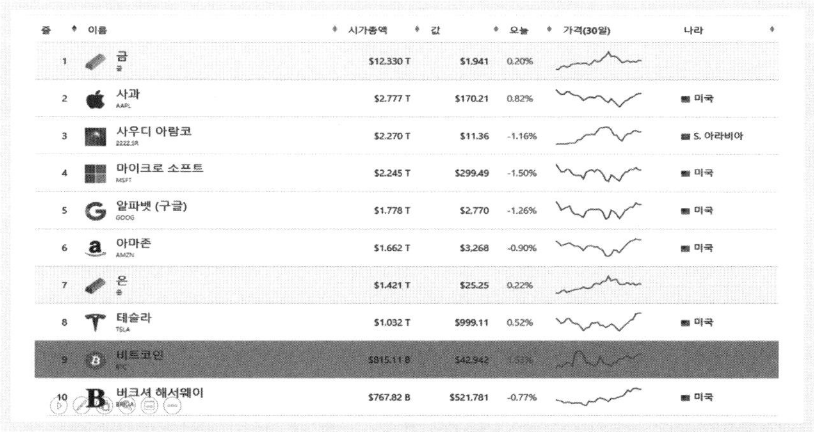

줄	이름	시가총액	값	오늘	가격(30일)	나라
1	금 금	$12.330 T	$1,941	0.20%		
2	사과 AAPL	$2.777 T	$170.21	0.82%		미국
3	사우디 아람코 2222.SR	$2.270 T	$11.36	-1.16%		S. 아라비아
4	마이크로 소프트 MSFT	$2.245 T	$299.49	-1.50%		미국
5	알파벳 (구글) GOOG	$1.778 T	$2,770	-1.26%		미국
6	아마존 AMZN	$1.662 T	$3,268	-0.90%		미국
7	은 은	$1.421 T	$25.25	0.22%		
8	테슬라 TSLA	$1.032 T	$999.11	0.52%		미국
9	비트코인 BTC	$815.11 B	$42,942	1.53%		
10	버크셔 해서웨이 BRK-A	$767.82 B	$521,781	-0.77%		미국

자료 2. 시가 총액별 최고자산, 출처 : 컴파니마켓캡닷컴, https://companiesmarketcap.com

왜 이렇게 많은 자금이 비트코인으로 몰리는 것일까? 당연히 부가 있으니 몰릴 것이다. 개인들이 인생 역전을 할 수 있는 수단이 되기 때문일 것이다. 우선 우리나라를 살펴보면 기성세대는 부를 이루는 수단이 부동산이나 주식으로 이뤘다고 해도 과언이 아닐 것이다. 2000년 초반 인터넷의 발달로 IT 관련해서 부자가 많이 탄생했다.

2030세대는 다른 수단이 마땅하지 않았다. 부동산에서 기회를 놓친 2030세대는 암호화폐에 주목했다. 새로운 영역으로 인터넷, 디지털 세상으로 가는 필수기술인 블록체인과 비트코인에 주목하고 있다. 블록체인과 비트코인의 미래 가치를 충분한 공부를 통해 알아차린 것이다.

그래서 대박과 인생 역전을 하기 위해 과감히 암호화폐들과 그 원조인 비트코인에 인생을 걸고 있다. 기성세대들은 과거에 부를 이룬 수단이 부동산 등이 있었다. 2030 젊은 세대는 기회 포착을 암호화폐에서 찾고 있다. 실제 부를 이뤄가는 신세대들도 있다. 그래서 시대가 변하고 세상 판이 바뀌는 지금 시점에서 특히 2030세대들은 열광하고 주목하고 있다.

블록체인과 암호화폐의 진정한 가치를 알아본 세계마저도 열광하고 주목하기 시작했다. 미래 예측 학자들은 비트코인이 향후 몇 년 안에 세계 1위 자산 가치인 금의 자산 가치를 능가할 수도 있을 것이라고 조심히 예측하고 있다.

우리나라만 아니라 전 세계인들은 4차 산업혁명 시대로 나아가는 지금, 부를 이룰 중요한 수단으로 암호화폐와 비트코인을 인식하고 있다. 이제 시작인 것이다. 블록체인이라는 신기술은 비트코인으로 표현된다. 그 가치가 저평가돼있다고 생각하기에 비트코인을 통해 부자가 되고 싶은 것이다.

신흥부자 또한 서서히 나오고 있다. 그들은 몇 년 전 먼저 알았고 준비했고 실행했을 뿐이다. 그래서 부를 이루기 위해 서서히 주목하는 것이다. 돈이 있는 곳에 사람이 모인다고 했던가? 돈이 있기에 주목하고 돈을 더 벌고 싶으니 열광을 하는 것이다. 부자가 되고 싶은 것이다. 당연한 인생사이리라.

인터넷, 디지털 세상으로 변하려면 보안 문제가 제일 큰 숙제였다. 기존의 기술로는 그 문제를 해결할 수 없었다. 하지만 블록체인 기술이 존재한다는 것을 알고 세계는 주목했고 연구했고 지켜봤다.

블록체인이 완벽하게 보안 문제를 해결할 수 있는 기술이라는 것을 알고 세계는 열광했다. 드디어 4차 산업혁명을 본격적으로 시작할 수 있는 블록체인 신기술의 탄생에 내심 주목했다.

그런데 그 안에 비트코인이 있었다. 없애려 했다. 수만 번 수백만 번 비트코인을 분리하고 없애려 했다. 블록체인 기술과 비트코인을 분리할 수 있다고 오판한 것이다. 국가마저도 없애려고 했다. 하지만 13년 동안 그 어떤 국가도 비트코인을 없애지 못했다.

암호화폐를 대표하는 비트코인은 심지어 국가만 가지고 있던 중앙화폐 권력마저 넘보니 인정하지 않으려 했다. 더욱이 화폐 권력을 나누는 것은 국가 입장에서 항복하는 거나 마찬가지였다. 그래서 없애려 했다. 하지만 없애지 못했다.

죽는 듯하면서 비트코인은 더욱더 거세게 성장했다. 이제는 전 세계가 받아들이고 있다. 규제안과 더불어 블록체인 기술을 더 발전시키려는 쪽으로 변하고 있다. 법제화가 서서히 되고 있다. 비트코인도 어쩔 수 없이 함께 가는 것을 보고 이제는 인정할 수밖에 없게 된 것이다.

암호화폐 시대의 흐름을 막을 수 없다는 것을 알게 된 것이다. 중앙집권적 화폐 권력이 서서히 민간화폐 권력으로 넘어오는 공유의 경제로 바뀌는 민간의 혁명이다. 민간의 경제적 민주주의다. 민간의 화폐 경제가 중앙집권적 화폐 권력과 공존하는 시대로 접어든 것이다. 그래서 세계가 열광하고 주목하는 것이다.

블록체인 신기술이 인간의 편의와 행복, 발전을 위해 나온 기술이라는 것을 깨닫게 된 것이다. 그래서 비트코인의 가치는 상상할 수 없을 만큼 계속 올라가고 있다.

돈과 기술이 합쳐진 4차 산업혁명은 국가와 개인이 기술과 돈을 함께 공유하며 인류 발전을 이룰 수 있는 가치를 지니고 있다. 개인과 전 세계 국가가 선택하고 인정하며 이제는 법제화를 통해 더욱 발전시키려는 것이다.

2022년은 블록체인과 비트코인 등 암호화폐가 법제화되기 시작한 원년이 될 것이 확실하다. 민간기업뿐 아니라 국가도 암호화폐 결제 시스템을 준비하고 법제화하려는 움직임이 언론을 통해 전해진다. 혁명이 일어나고 있다.

블록체인과 암호화폐 등 법제화는 미국이 그렇고 러시아도 그렇다. 일본은 상식이 되어 가고 있다. 경제 후진국 중 자국 화폐가 무용지물이 되니 비트코인으로 법정 화폐를 쓰고 있는 엘살바도르라는 나라가 있다. 이 외에도 비트코인으로 법정 화폐를 준비 중인 나라가 5개국이 넘는다.

유럽 쪽은 월급을 비트코인으로 받는 나라도 나오고 있다. 벨기에 의회 의원들은 비트코인으로 월급을 받기 시작했다. 미국 각 주에서도 분주하다. 전 세계 국가는 기존의 실물 화폐에서 디지털 화폐로 변환을 준비 중이다. 우리나라도 2023년을 준비해 디지털 원화를 한국은행에서 테스트 중이다. 중국은 올림픽을 기점으로 디지털 위안화를 쓰려고 한다. 이렇게 세상은 디지털 세상으로 가며 블록체인과 비트코인의 상호호환이 자연스럽게 이뤄지려고 하고 있다. 한 국가의 문제가 아니라 전 세계가 디지털 세상으로 가기 위해 자국 화폐까지도 디지털 화폐로 바꾸려고 준비 중이다.

보안이 핵심인 디지털, 인터넷 세상이다. 이제는 보안 문제를 해결한 블록체인 핵심 신기술과 비트코인이 있다. 이런 이유로 세계는 비트코인에 주목하는 것이다. 비트코인은 부를 이룰 수 있는 수단도 충분히 된다. 개인들의 부와 각 국가의 경제적 발전을 뛰어넘어 인류 문화의 발전을 이룰 수 있다. 그래서 전 세계가 비트코인에 열광하고 주목하는 것이다.

04

비대면 시대, 천문학적인 돈이 풀리고 있다

오늘 저녁 거리도 한산하다. 보통 연말이나 연초가 되면 대도시 중심가는 사람으로 북적거렸다. 도심과 동네에도 활기가 넘쳤다. 그러나 몇 년 전부터 코로나 영향으로 주말 저녁 대도시 중심가도 조용한 분위기다.

기존 자영업을 하시는 분들이 힘들 것이다. 걱정도 된다. TV 뉴스를 보면 자영업자들이 영업시간을 연장해달라고 데모까지 한다. 이러다 자영업자들 다 죽는다고. 영업시간 단축으로 인한 손해를 국가가 책임지라고 한다. 하지만 자영업자 폐업은 시간이 지날수록 그 수는 늘어만 가고 있다. 특히 노래방, 호프집, 고급 뷔페는 그야말로 아

우성이다. 그 많았던 모임들이 다 취소됐다. 국가에서 몇 명 이상 모이지 말라고 영업 제한을 시행했기 때문이다. 어찌하지도 못하고 지켜보기만 할 뿐 눈물을 머금고 폐업절차를 밟고 있는 기존 자영업자들이 많을 것이다.

코로나로 인한 비대면 사회가 빨리 끝날 줄 알았는데 '오미크론'이라는 새로운 바이러스가 또 한 번 전 세계를 강타했다. 비대면 사회가 언제 끝날 것인지, 과연 예전으로 돌아갈 수 있을지 그 끝을 알 수 없다.

그래서 더욱 기존 자영업자들은 희망이 사라지고 자살까지 선택하는 분들이 많아지고 있다. 가슴이 아프고 통탄할 노릇이다. 그들은 열심히 일했고, 성실히 자영업을 유지한 대한민국의 소중한 국민이다. 하지만 큰 대세의 흐름은 국가마저도 어쩔 수가 없다.

그러나 호황인 산업도 꽤 많다. 인터넷 쇼핑몰, 유튜브 관련 사업 등은 호황을 누리고 있다. 코로나로 인한 비대면 사회로 변하면서 한쪽은 불황이고, 또 다른 쪽은 호황을 누리고 있다. 불경기라 하지만 신흥부자들도 탄생하고 있다.

왜 그럴까? 그들의 복인지, 사회적 현상을 잘 알아차렸는지 급변하는 시대적 흐름을 알고 그 흐름을 타서 불경기라도 소수는 호황을 누리고 있다. 그래서 인터넷 관련 일과 소셜미디어 관련 일에 새로운 시작을 위해 사람들이 몰리고 있다. 코로나로 인해 식당은 찾아오는 손

님만 보고 장사하면 얼마 지나지 않아 폐업의 위기로 몰린다. 찾아가는 배달을 해야만 유지하고 생활할 수 있는 상황으로 바뀌고 있다.

내가 사는 근처는 조용한 주택가다. 고급 주택가는 아닌지라 1~2년 전부터 1층 상가에 배달 위주로 하는 자그마한 주방만 있는 음식 배달점이 많이 생기기 시작했다. 밤낮으로 오토바이로 배달하는 모습을 자주 보고 있다. 도시락 배달 전문 음식점도 생기고 있다.

시대가 완전히 바뀌고 있다. 기존의 산업들은 더 경쟁이 심해지고 있다. 비대면 사회로 바뀌고 있다. 미래 예측 학자들은 4~5년 뒤에나 비대면 세상이 올 것으로 예상했지만, 코로나 바이러스로 인해 더 빨라졌다고 한다.

경기가 힘들어진 국가들은 경기 활성화를 위해 돈을 풀며 경기 부양책을 썼다. 그래서 천문학적으로 돈을 풀었다. 우리나라도 전 국민을 대상으로 재난지원금을 지급했다. 돈이 풀려 돈의 가치가 떨어지니 물가와 부동산은 갑작스럽게 배 이상 뛰었다. 게다가 천연자원, 원자재마저도 뛰고 있다. 모든 것이 다 올랐다. 오로지 하락하는 것은 종이 화폐뿐이다. 우리나라뿐만 아니다. 미국은 세계 최강대국으로 이때까지 찍어낸 달러에 버금가는 달러를 찍어 경기 부양책을 쓰고 있다. 상상할 수 없는 천문학적인 달러를 찍어내고 있다.

세계적으로 불황이라도 여유가 있는 사람도 있다. 부동산, 주식, 심지어 암호화폐로 많은 돈이 이동 중이다. 왜냐하면 현금은 가지고 있을수록 가치가 하락하기에 손해를 본다는 생각 때문이다.

전 세계가 엄청난 돈을 찍어냈고, 경기를 살리기 위해 경기 부양책을 펼쳤다. 그렇게 돈이 풀리는데도 대부분 사람에게는 위기를 넘기기에 부족한 경우가 많다. 시중에 유동성이 풍부해지고 있으나 부익부 빈익빈 현상이 더 심해지고 있다. 돈이 풀리면 대기업들이 더 투자하고 신입사원을 더 충원해야 하는데 거의 뽑지 않고 심지어 줄이고 있다. 그래서 취업난은 더욱 심해지고 있다. 특히 은행권이 심하다. 기존의 대형은행들은 점포 수마저 지속적으로 줄이고 있다. 신입사원을 더 충원하는 것이 아니라 기존의 인원들을 호조건으로 명퇴 신청을 적극적으로 받고 있다.

세상이 변하고 있다. 대면에서 비대면으로 바뀌고 있다. 인터넷 발달로 더 편리하고 빠른 편의성 때문에 곳곳의 산업들이 인터넷으로 들어오고 있다. 앞으로 인공지능 로봇, 무인 자동차도 곧 나올 것이다. 기존 산업의 노동력이 줄어들고 일자리도 줄어드는 현상이 더욱 심화될 것이다. 취업난으로 청년 실업자는 줄어들지 않고, 오히려 늘어나고 있는 실정이다. 그래서 새로운 신산업 블록체인 산업을 기반으로 대한민국 정부와 각 지방자치 단체들은 일자리 창출과 신사업을 찾아 신성장 동력으로 지정하고 있다.

아무리 사회가 급변해도 잘되는 곳은 있기 마련이다. 전자, 전기, 태양열, AI, 블록체인, 암호화폐 관련 산업은 더 호황이다. 우리나라 암호화폐 거래소만 보더라도 사상 최고 실적을 올리고 있다. 전문 인력을 더 충원하고 있다. 흘러넘친 돈이 암호화폐로 이동하고 있다는 뜻이다. 사기라는 관점도 있었고 투기라는 관점도 있었다. 하지만 암호화폐는 투자 자산으로 서서히 인정받기 시작하고 있다.

비대면 사회로 변하면서 역사상 이렇게 단기간에 전 세계적으로 돈이 풀린 경우는 없었다. 그 돈은 기존 자산 시장으로 이동하고 있지만, 특히 암호화폐 시장으로도 이동 중이다. 세계적으로 암호화폐 하루 평균 거래량이 대략 60조 원에서 100조 원이 넘어간다. 비트코인 하나만 보더라도 하루 거래량이 대략 20조 원에서 60조 원이 넘어간다. 천문학적으로 풀린 돈이 암호화폐 시장으로 흘러가고 있다.

부자들의 요구에 세계적 투자 회사들은 비트코인 펀드 상품을 만들고 있다. 개인 부호들이 돈의 유동성이 풍부해졌다. 포트폴리오 중에 암호화폐, 특히 비트코인을 포함시키라고 요구하고 있다. 그것을 선택해 서서히 이동 중이다. 현금을 보유해봐야 손해고, 헤지(Hedge) 기능으로 비트코인도 괜찮다고 인정하기 때문일 것이다. 제로금리 시대에 다양한 투자처로 자금이 이동하고 있다.

몇 년 전만 보더라고 코로나로 인해 비대면 사회로 바뀔지 누구도 예상하지 못했다. 하지만 세계는 시간이 지나면서 변화에 적응해가고 있다. 비대면 시대로 인한 문화마저도 바뀌고 산업마저도 바뀌고 있다.

4차 산업혁명이 더 빨라지고 있다. 인터넷, 디지털 세상이 더 빨리 다가오고 있다. 부자들은 정보가 빠르다. 시대 흐름을 더 빨리 파악한다. 새로운 시대에도 더 부자가 되고 싶어 한다.

부자들은 풍부한 돈의 유동성이 생겼다. 화폐 가치 하락으로 인해 다양한 투자처를 찾고 있다. 시대가 바뀌어도 더 부자가 되고 싶은 것이다. 그중에 암호화폐를 선택했다. 희소성이 있고 4차 산업혁명을 이끄는 신기술인 블록체인에 주목했다. 블록체인은 항상 비트코인과 함께 간다. 그 가치를 알았기에 비트코인으로 천문학적인 돈이 이동하고 있다.

05

전 세계 헤지펀드와 기관 투자자, 국가도 매집하고 있다

얼마 전 뉴스를 보다 깜짝 놀랐다. 엘살바도르 대통령이 정부 돈으로 비트코인을 410개 추가 매수했다는 내용이었다. 비트코인을 총 1,800개 보유 중이다. 이유는 "평단가를 낮추기 위해 매집했는데 떨어져 기분이 나쁜 게 아니라 더 싸게 매수해서 좋다"라는 것이다. 엘살바도르는 자국 화폐가 경제난으로 인해 하룻밤 사이에도 화폐 가치가 끝도 모르게 하락한다. 화폐 기능이 없다고 해도 무방하다.

엘살바도르는 그동안 달러를 사용했다. 하지만 국제 거래 시 달러 이체 비용이 비싸서 2021년에 비트코인을 법정 화폐로 도입했다. 2022년에는 몇 개국이 더 비트코인을 법정 화폐로 인정할 것이라는 소식도 접하고 있다.

왜 이렇게 나라마저도 비트코인을 인정하고 매집하고 있을까? 2009년에 비트코인이 세상에 나왔다. 비트코인 개발자는 앞서 말했듯 나카모토 사토시라는 사람이다. 그의 논문을 보면 국가가 나의 돈을 지켜주지 못해서 비트코인을 만들었다고 설명한다.

그렇다. 국가는 중앙화폐를 찍어낼 수 있는 권력이 있다. 경기 부양책 등 다양한 이유로 일정 시점이 되면 적절히 조절하면서 화폐를 찍어낼 수 있는 화폐 발행 권력이 있다. 그래서 실물 화폐만 가지고 있으면 지속적으로 화폐 가치가 떨어진다. 나의 돈을 국가는 지켜주지 않고 오히려 손해를 끼치는 역할을 한다.

13년 전 우리나라는 1~2억 원으로 웬만한 아파트 한 채를 매수할 수 있었다. 하지만 현재는 전세마저도 들어가기 힘든 상황이다. 물가가 오른 것도 있지만 무한정 화폐를 찍어내니 화폐의 가치가 떨어진 것이다. 10년 전 1억 원이 현재 가치로는 1억 원의 가치를 가지지 못한다. 돈 가치의 하락 현상을 불러온 것이다.

비트코인은 2009년에 세상에 나왔다. 13년 역사를 지닌 비트코인의 가치는 오히려 더 올라갔다. 더 이상 발행할 수 없는 2,100만 개라는 희소성이 있기 때문이다. 비트코인 가격이 계속 올라가고 있다. 13년 동안 일시적으로 가격이 주춤할 때는 있었다. 그러나 지속적으로 우상향을 하며 계속 오르고 있다. 2021년은 비트코인 가격이 한 개 8,250만 원까지 가는 최고가를 경신했다. 또다시 시간이 흐른다면 가격이 어디까지 갈지 상상할 수 없다. 천문학적인 가격 상승을 예상하는 전문가들 또한 많이 늘어나고 있다.

일부 국가만 암호화폐 시장으로 넘어오고 있는 것이 아니다. 세계 투자 전문회사들이 비트코인으로 펀드상품을 만들고 있다. 비트코인 시장에 직간접적으로 자금이 흐르고 있다.

전 세계 최대 거래소 중 하나인 코인 베이스 주식을 가장 많이 가지고 있는 기업을 알아보자. 골드만삭스, JP모건, 씨티그룹, 블랙록, 브리지워터, 밀레니엄 매니지먼트, 테네시주 운영 펀드, 펜실베이니아 공립학교 퇴직기금, 인텔, 헤지펀드의 전설 빌 밀러 등 암호화폐 관련 기업으로 기관 및 국가 자금이 간접적으로 유입됐다.

JP모건은 "비트코인은 거품이다"라고 했다. 그러나 월가에서 제일 먼저 비트코인 펀드를 출시했다. 뱅크오브아메리카, 웰스파고, 씨티은행, 멜론은행, 모건스탠리, 골드만삭스까지 비트코인을 투자 상품으로 인정하면서 자금이 유입되고 있다.

헤지펀드는 파생상품을 주로 취급하는 핫머니라고 한다. 가격이 떨어져도 벌고 가격이 올라가도 버는 비트코인 선물에 투자하고 있다. 미국 정부도 비트코인 선물 상품을 승인했다. 영국, 캐나다, 호주는 비트코인 현물까지 제도권 안으로 들어왔다. 도대체 왜 이렇게 헤지펀드와 기관 및 국가마저도 비트코인에 열광하는 것일까?

연도별로 13년간 비트코인 최고가격을 살펴보자.

2009년	0원
2010년	600원
2011년	35,000원
2012년	18,000원
2013년	1,450,000원
2014년	1,300,000원
2015년	600,000원
2016년	1,180,000원
2017년	28,000,000원
2018년	20,000,000원
2019년	16,000,000원
2020년	22,000,000원
2021년	82,500,000원

뭔가 보이지 않는가? 미래 가격 예측은 각자의 판단에 맡길 수 있을 뿐이다.

4차 산업혁명 시대로 변하고 있다. 상품도 변하고 화폐마저도 변하려고 한다. 화폐의 시작은 인류의 역사와 함께 한다는 말도 있다. 물물 교환에서 수많은 화폐 종류로 변했다. 현대는 종이 화폐를 주로 사용하고 있다. 그러나 새로운 세상에서는 새로운 화폐가 반드시 필요하다. 화폐의 형태는 항상 변해 왔다.

4차 산업혁명은 인터넷, 디지털 세상이다. 인터넷 세상으로 가기 위해서는 반드시 디지털 화폐가 필수적으로 필요하다. 국가도 디지털 자국 화폐로 이동 준비 중이다. 실물 화폐가 아닌 인터넷 숫자가 화폐로 바뀌는 역사적인 시점이다. 비트코인은 13년 전부터 인터넷상에 존재하며 살아지는 듯했다. 하지만 더 강력해지고 있다. 그동안 각종 검증을 받은 까닭이다.

기존 화폐는 무한히 찍어낸다. 그로 인해 화폐 가치가 하락하는 것은 당연하다. 하지만 비트코인은 달랐다. 총발행량은 2,100만 개로 제한돼 있다. 시간이 지나며 기존 화폐가 그랬던 것처럼 서로의 믿음과 신뢰가 생기게 됐다. 기존 화폐와 다른 총발행량이 한정돼 있다. 이것을 안 소수의 개인과 기관 및 국가마저도 매집하고 있다.

4차 산업혁명 시대는 디지털 화폐가 반드시 필요하다. 각국의 디지털 화폐도 사용이 될 것이다. 그와 함께 역사상 처음으로 민간에서 만든 화폐인 비트코인도 공존할 것이다. 이것을 깨달은 거대 기관들과 국가들은 매집을 시작하고 있다.

가치는 서로의 신뢰와 믿음 속에서 탄생한다. 13년 전 가치 제로였던 비트코인이 이제는 몇천만 원을 호가하는 어마어마한 가치를 사회 구성원들이 부여하고 있다. 더군다나 4차 산업혁명 시대는 이제 시작하려고 한다. 블록체인이라는 신기술과 함께 하는 비트코인의 총발행량은 한정되어 있어 그 가치는 올라갈 것이다.

이것을 알았기에 세계 거대 자본이 비트코인으로 몰려들고 있다. 국가들마저 가세해 비트코인을 인정하는 분위기다. 비트코인의 가치는 무궁무진하다. 비트코인에 주목하는 세계 인구는 계속 늘어날 것이다. 비트코인의 한정된 수량으로 인한 가치 상승은 불 보듯 뻔한 이유다.

대한민국은 투자가 일상화되어 있다. 재테크 관련 내용은 항상 인기가 많다. 시대가 변하면 재테크 관련 상품도 변할 것이다. 큰손들과 기관과 국가마저도 비트코인 관련 산업에 직간접적으로 투자를 시작하고 있다. 세계가 비트코인에 열광하는 이유는 분명하다. 더 부를 이룰 수 있는 믿음이 있기 때문이다.

06

내 삶을 바꾸는 비트코인 재테크 공부

20대가 생각이 난다. 군대 제대 후 복학하기까지 7개월이란 시간적 여유가 내게 있었다. 자기계발을 하고 싶어 신문과 책을 보며 '무엇을 할까?' 이리저리 뒤적이며 정보도 찾고 과거도 짚어 봤다.

군 생활 중 하루 시작과 마무리 보고에 "보고합니다. 총원 130명…" 하며 큰소리로 외쳤다. 나는 견장을 찬 선임으로 중대장님과 소대장님께 아침저녁으로 100명 이상인 단체보고를 몇 달간 해야 했다. 가슴이 떨리고 긴장되어 하늘이 노랗게 변하는 것을 몇 번 경험한 일이 생각이 났다.

그래서 복학하기 전 남 앞에 나서서 말을 잘할 수 있는 스피치 학

원을 등록했다. 열심히 배우고 실전을 거치며 2달 정도 자기계발 시간을 가졌다. 복학 후 스피치 학원 영향이었는지 학년 총대 등 앞에 나서는 기회가 많아졌다. 나를 표현하고 동기들의 편의를 봐주는 일을 자연스럽게 했다. 동기들이 "너 말 잘하네. 우리가 밀어줄 테니 다른 일도 함께하자" 등 나도 모르게 리드하는 역할을 많이 했다.

우리는 어떤 일을 잘하는 사람을 부러워한다. 하지만 그들은 남이 보지 않는 시간에 자기계발을 하며 눈물겨운 시간을 보낸다. 하지만 사람들은 결과만 알지 과정을 잘 보지 않는다. 부자 또한 마찬가지일 것이다. 부자들의 인생사를 보면 굴곡과 시련, 좌절 등 수많은 고비를 넘기며, 부자가 되는 과정을 TV나 소설을 보면 알 수 있다. 요즘은 유튜브가 일상이 되어 부자들의 성공 실화를 영상으로 볼 수 있는데, 그 조회 수가 상당히 높다.

2017년에 비트코인을 처음 접했을 때 가격만 봤지 그 이면의 가치는 눈에 들어오지 않았다. 비트코인 재테크를 단순 가격 변동 폭만 보고 진입한 것이다. 그래서 그런지 6개월 후 마이너스 70%를 경험하면서 나 또한 암호화폐 시장을 빠져나왔다. 변동 폭이 너무 심하고 국가 정책이 부정적으로 흐르고 있었기 때문이다.

그 후 집에 비트코인 관련 책이 몇 권 있어 틈나는 대로 읽기 시작했다. 3권 정도 읽으니 '아하, 내가 암호화폐 시장 관점을 잘못 짚고 있었구나!'라는 생각이 들었다. 그래서 더 시간을 내어 깊이 공부를 시작했다. 보이기 시작했다. 블록체인과 암호화폐가, 특히 비트코인이 세상을 바꾸는 무기가 될 수도 있겠구나, 싶었다. 내공이 조금씩 늘어남을 느꼈다. 화폐의 발달 과정과 산업혁명의 변천사와 시대적 상황을 설명하는 책들을 더 읽기 시작했다. 2019년이 되니 더욱 명확하게 보이기 시작했다.

이 세상은 인터넷, 디지털 세상으로 넘어가는 4차 산업혁명 초입에 들어서고 있다는 것을 알게 됐다. 암호화폐는 반드시 필요한 수단이라는 것을 알고, 2019년 연말부터 나는 전업으로 암호화폐 시장에 진입했다. 단순히 트레이딩만 하지 않았다. 공부하고 연구하니 주변 사람들이 내게 암호화폐에 대해 묻기 시작했다. 암호화폐 관련 스터디를 내가 주가 되어 진행하기도 했다. 가격이 오르면 열광하고, 가격이 내리면 침체되는 분이 많음을 알기 시작했다. 내가 보는 암호화폐 시장을 말씀드리면, 심리적으로 안정된다고 지금도 가끔 연락하는 분들이 꽤 많다.

세상이 변하면 기존 지식의 필요성은 감소한다. 처음에는 이해하기 힘들다. 일반화 과정을 반드시 거친다. 일반화가 되면 전 세계는 언제 그랬나 하고 일반 상식이 된다. 인터넷이 처음 나왔을 때 부정적 시각이 90% 이상이었다. 그러나 장점이 부각되면서 지금은 일반 상식이 되어버렸다. 인터넷, 컴퓨터가 세상에 나와 부자들이 수없이 탄생했다. 암호화폐도 마찬가지다. 2022년, 아직 암호화폐 시장은 제대로 시작도 안 했다. 진짜 시작은 이제부터다. 암호화폐 시장으로 인해 신흥부자, 벼락부자들도 심심찮게 나오고 있다.

나는 암호화폐 시장에 들어와 수백억 원을 벌지는 못했지만, 비트코인과 다양한 디지털 자산으로 몇억 원 정도는 벌었다. 초기에 가격만 보고 진입했을 때는 많은 마이너스가 났다. 다시 제대로 공부하고 계획하며 준비했다. 그러자 내게 돈이 따라오기 시작했다.

아는 지식이 늘어나니 주변 사람과 암호화폐 지식을 공유할 수 있는 재능도 생기게 됐다. 나는 로또 회사, 장례지도사, 보험 자산관리설계사 일을 거치면서 궁금해하는 분들을 상대로 상담하는 역할을 20년 이상 경험했다. 요즘은 암호화폐 관련 일로 주변 사람들에게 연락이 자주 온다. 그분들이 도움된다고 하시니 그저 기분이 좋을 뿐이다.

돈이 많다고 부자가 되는 것은 아니라고 생각한다. 일정한 부가 이뤄지면 그 부로 주변에 선한 영향력을 끼쳐 더 아름다운 세상, 더 행복한 세상을 만들어가는 부자가 진정한 부자라고 생각한다. 나는 아직 부자가 아니다. 부자로 가는 첫걸음을 비트코인 재테크에 집중해서 몰입하고 있다. 암호화폐 비트코인이 내 인생의 본질은 아니다. 소중한 수단에 불과할 뿐이다. 몇백억 원, 몇천억 원의 돈을 버는 것이 인생의 전부는 아닐 것이다. 내게는 꿈이 있다. 일정한 부를 이뤄 그 부로 더 나은 세상을 만드는 곳에 힘을 보태고 싶다. 세상에는 아직 어려운 분들이 많고, 앞으로는 부익부 빈익빈 현상이 더욱 심해질 것이다.

나만 부자가 되면 무엇하겠는가! 내가 부자가 되고 나와 함께하는 주변인이 부자가 돼야 진정 부자가 아니겠는가! 그래서 오늘도 암호화폐 및 비트코인 관련 정보와 일에 더욱 몰입하는 것이다. 내가 부를 이룰 수 있는 여러 가지 수단 중 비트코인이 최고라고 확신하기 때문이다. 단순하게 트레이딩만 하는 것이 아니다. 깊게 공부를 하니 여러 가지 먹거리들이 있는 것을 알게 됐다.

재테크는 일명 돈을 불리는 기술이라고 한다. 돈이 돈을 벌게끔 하는 기술이다. 재테크의 처음은 주식이었다. 주식 중 우량주는 내게 수익을 안겨 줬고 작전주, 이슈주는 내게 손해를 끼쳤다. 결국은 우량주가 돈을 벌게 해줘 원금은 건지고 주식 시장을 빠져나왔다.

비트코인은 2022년 2월 현재, 총 2,100만 개 중 1,900만 개 정도가 세상에 나와 있다. 비트코인 1,100만 개 이상은 고래(비트코인 대량 보유자)들이 팔지 않고 계속 지키고 더 모으고 있다. 400만 개 정도는 아이디 비번을 잊어버려 사라지고 없어졌다. 세계적으로 400만 개만 정도만 거래되고 있다. 그래서 희소성이 있다. 대한민국 전 국민이 0.5개도 가지기 힘든 희소성이 있는 것이다. 전 세계적 인구 대비 0.01개라도 가지기 힘든 아주 희소성이 있는 비트코인이다. 지금 현재 한 개 가격이 5,000만 원 가치를 평가받고 있다.

나는 더욱더 비트코인 재테크 공부를 할 것이다. 비트코인을 이해하기 위해서 전 세계의 경제적 상황과 원유, 환율, 금 시세 등을 자주 확인한다. 그래야만 비트코인 행방을 단기적이나 장기적으로 조심히 예측할 수 있다.

특히 금융 선진국의 행보를 자세히 살펴보고 있다. 아침에 출근하면 코인 뉴스 관련 인터넷 전문사이트 기사를 먼저 확인한다. 10개 정도 머리기사를 보면 왜 가격이 올라가고, 내려가는지 다른 재테크 상품보다 빨리 알고 대처할 수가 있다.

비트코인 및 암호화폐 재테크는 나의 삶에서 부를 이루는 가장 소중한 수단이다. 그래서 천천히 나의 삶이 바뀌고 있다. 비트코인을 처음 알게 된 지 5년이 넘어간다. 전적으로 비트코인 재테크를 한 지도 벌써 3년이 지나간다.

비트코인 재테크를 하면서 시행착오와 실수도 있었고, 성공 경험도 있었다. 이 책을 읽는 분들이 아픈 실수나 시행착오를 겪지 않았으면 하는 작은 바람이 있다. 그래서 내용을 공유하기 위해 생애 처음 이 책을 집필하고 있고, 그 결과 나의 삶도 바뀌고 있다. 비트코인 재테크는 내게 진정한 꿈을 이룰 기회를 주고 있다. 정신적 성장뿐 아니라 경제적 성장, 즉 경제적 자유를 가능하게 하고 있다. 내게 여러 가지 재테크 수단 중 제일 중요한 첫 번째 수단이 비트코인이다.

나의 삶을 구체적으로 바꾸고 인생 목표를 이룰 수 있는 재테크인 것이다.

07

내가 잠자는 동안에도 돈이 들어온다면

나는 오늘도 '내가 잠자는 동안에도 돈이 들어오게 하는 것이 무엇이 있을까?'라고 생각한다. 노동도 좋지만 '어떻게 해야 내가 노동을 안 해도 돈이 들어오는 시스템을 만들까?' 즐거운 고민을 하면서 하루하루 보내고 있다.

1997년에 시청공사장 근처에 집이 있어 가족과 상의해서 식당을 시작했다. 공사 현장에는 전용 식당(일명 함바식당)이 없어 점심시간이 되면 인부들이 공사장을 나와 식사하기 위해 주위 식당으로 왔다. 집이 공사장 출입구 바로 앞에 있어 수백 명 공사 인원이 우리 집을 거쳐 지나가는 목이 좋은 위치에 있었다.

어머님 음식은 맛있다고 소문나 있었고, 아버님께서는 정년 퇴임해서 집에 계셨다. 나도 학생이라 시간적 여유가 있어서 가족 6명이 합심하면 노동으로 식당운영이 가능할 것으로 생각되어 식당을 오픈했다. 그야말로 초대박이 났다. 공사장 안에 식당이 없어서 인부들이 우리 식당에 왔기 때문에 한두 시간 안에 백 명 이상이 식사했다. 짧은 시간에 식사하러 몰려드니 혼잡해져서 식당 홀 직원도 더 필요했다. 담배도 팔았는데 한 갑이 아니라 보루째 담배도 많이 팔렸다.

'식사하고 나면 커피를 마시고 싶지 않을까?'라는 생각이 들어 커피 자판기를 식당 앞에 설치했다. 그 짧은 시간에 수십 명씩 줄어 서서 기다리는 진풍경이 벌어졌다. 내가 일을 하지 않아도 자판기에서 한 달에 150~200만 원 정도 순수익을 올렸다. 커피 자판기 수익이 내게 자동 수익이 됐다.

이 경험을 하면서 돈이 자동으로 들어오는 나의 자판기는 황금보다 더 소중한 재산, 보물 1호였다. 이때부터 '내가 잠자는 동안에도 돈이 들어온다면 얼마나 좋을까?'라는 생각을 자주 하곤 했다.

식당이 잘되어 돈은 벌었는데 몸은 상했다. 부모님은 피곤해하셨고, 나 또한 코피를 3번 정도 흘렸던 것 같다. 돈 버는 재미에 아픈 것도 몰랐지만 나도 몸이 상하고 있었다. 2년 정도 지나니 공사장 인부들이 줄어들고 시청이 완공됐다. 주위에 식당들이 많이 생겨서 식당 매출과 자판기 수익이 떨어지기 시작했고 공사가 완료된 시점에 가족회의를 거쳐 식당을 그만뒀다.

이처럼 지금도 장사나 사업을 시작하면 노동이 많이 들어간다. 농경사회나 산업사회에서는 노동을 귀하게 생각했고, 가족 구성원이 많다는 것은 그만큼 노동할 수 있는 사람이 많아 부자가 될 확률이 높았다.

하지만 자본주의 사회로 넘어가면서 사람들은 노동도 중요하지만, 자본이 돈을 벌게 하는 시스템에 관심을 가지기 시작했다. 돈이 일해서 부를 이루는 사람이 나오기 시작하면서 재테크에 관심을 가지는 사람들이 늘어났다. 돈을 버는 방법에는 두 가지 방법이 있다. 시간으로 돈을 버는 노동 수입과 돈으로 시간을 버는 권리 수입이다.

특히 대한민국은 재테크 열풍이다. 부동산, 주식, 채권, 금, 암호화폐 등 여유 자금이 있으면 바로 투자한다. 왜일까? 부자가 되고 싶어서일 것이다. 노동으로 돈을 버는 것이 아니라 돈이 일해서 돈을 더 벌고 싶다는 마음으로 투자하는 것이다.

사람들은 부자가 되고 싶은 마음에 종잣돈을 투자해서 돈을 벌려고 한다. 부자가 되면 경제뿐 아니라 시간적, 장소적, 정신적으로 더 자유롭기 때문이다. 하지만 잘못된 투자로 인해 손실을 보거나 무리한 투자로 잘못된 선택을 하는 기사를 종종 보곤 한다.

그만큼 재테크는 위험이 존재한다. 잘하면 본전이고 잘못하면 목숨도 버릴 수 있는 위험한, 돈이 돈을 버는 기술인 것이다. 일확천금을 얻으려다 쪽박을 찰 수 있다. 그래서 보수적으로 접근해야 하고 제대로 준비해서 계획이 확실해졌을 때 시작해야 한다.

기업은 새로운 아이템이 나오면 철저히 분석한다. 회의를 수도 없이 하며 오랜 시간 계획한다. 시간을 두고 연구해서 투자하는데, 다수 일반인은 지인 말만 듣고 돈이 된다더라 하면 묻지도, 따지지도 않고 전 재산을 투자하는 분들이 많다. 스스로 분석하고 공부해서 투자해야 하지만 "그냥 널 믿어, 너니까!" 하고 투자하는 상황이 꽤 많다. 돈을 벌게 되면 본전이지만 손실이라도 생기면 그로 인해 인간관계는 나빠지고, 당사자 사이의 신뢰는 땅에 떨어지는 것이다. 투자의 책임은 항상 투자자 본인의 몫인데도 말이다.

"잠자는 동안에도 돈이 들어오는 방법을 찾아내지 못한다면 당신은 죽을 때까지 일을 해야만 할 것이다."

세계에서 제일 부자인 투자의 천재, 워런 버핏(Warren Buffett)의 말이다.

100세 시대인 요즘 60대 초반이면 직장인이나 공무원들은 퇴직하게 된다. 그럼 나머지 40년을 먹고살 일이 걱정이다. 어떻게 해야 할지 퇴직 전부터 고민이 시작된다. 지인 중 특히 50대인 직장인이나 공무원들은 심심치 않게 퇴직 후 뭘 해야 할지 고민을 말한다. 벌써 명퇴를 준비하는 이들이 꽤 많다. 그래서 퇴직 몇 년 전부터 먹고살 것을 위해 자기계발을 하거나 자영업을 하기 위해 준비하는 분들이 많다. 하지만 사회에 나오면 녹록지 않다.

기존의 업은 먼저 시작한 이들이 꽉 잡고 있고, 재취업을 하려면 특별한 기술이 없는 한 취업하기 힘들다. 나이가 드니 노동은 힘에 부치고 주위 어떤 곳도 선뜻 일을 맡기지 않는다. 피치 못해 경제적 활동을 할 수 없게 된다면 큰 위험으로 다가온다. 건물주이거나 자동으로 돈이 들어오는 시스템을 구축한 사람은 소수다. 대부분 돈을 더 벌기 위해 아이템을 찾고 있다. 그래서 여윳돈이 있으면 자연스럽게 재테크에 관심을 가지기 시작한다.

누구나 자동 수익이 나는 방법을 찾고 정보를 분석할 것이다. 돈이 자동으로 들어오는 것은 모두의 희망이다. 나도 암호화폐 비트코인에 관심을 가지면서 처음에는 비트코인을 사고파는 정도만 했다. 그러다가 비트코인 채굴이라는 것이 있다는 걸 알게 됐다. 9개월 동안 공부하고 분석해서 2019년 12월에 분산 투자하는 개념으로 여윳돈으로 채굴에도 조금 참여하게 됐다.

기존의 트레이딩은 내가 매수해 가격이 오르면 매도하는 시세 차가 내 수익이 되는 구조다. 하지만 비트코인 채굴은 좀 달랐다. 비트코인 거래장부 만드는 일에 참여해서 비트코인을 획득하면, 참여한 사람들끼리 공유해 나누어 비트코인 개수배당을 받는 것이다.

처음에는 믿음이 생기지 않았다. 신뢰할 수 없어서 9개월 정도 지켜보고 공부하며 분석했디. 그중 한 회사를 선택해 클라우드 마이닝

(일반 개인들의 투자 모집)에 조금 투자해봤다. 괜찮겠다 싶어 분산해 도전해봤다.

비트코인이 많이 들어오지 않았지만, 날마다 조금씩 조금씩 모이는 것이 신기했다. 가격이 하락하면 수익률이 떨어지고 가격이 상승하면 수익률이 올라가는데, 큰 손해 없이 지속적으로 비트코인이 들어와 수익이 됐다. 트레이딩 하는 것보다 심리적으로 더 안정적이고, 하루에 몇십 번씩 거래소 가격을 보지 않아 크게 스트레스를 받지 않았다. 매일 조금씩이라도 내게 비트코인이 들어왔다. 트레이딩보다 더 안전하다는 생각이 들었다. 확신이 들기까지 내게 9개월이란 긴 시간이 필요했다. 지금 생각하면 조금 빨리 시작했으면 좋았겠다는 아쉬움이 남는다.

나는 재원이 분명하면 분산 투자하는 성격이다. 암호화폐 전문가들은 트레이딩보다 채굴이 더 안정적이라고 말한다. 무엇보다 중요한 것은 안전하고 지속적으로 운영 가능한 채굴회사를 선택해야 한다.

다음의 세계디지털채굴협회(https://digitalmining.org/cloud-mining/) 사이트를 찾아보고 확인하면서 더 확신이 들고 안심됐다. 사이트를 참조해 고민과 고민 끝에 클라우드 마이닝 회사 중 한 곳을 선택했다. 비트코인이 많거나 적거나 매일 내 소득으로 들어오고 있다. 그렇게 내가 원하고 희망했던 것을 찾은 것이다.

파이프라인 중 하나인 채굴기는 내가 잠자는 동안에 나를 위해

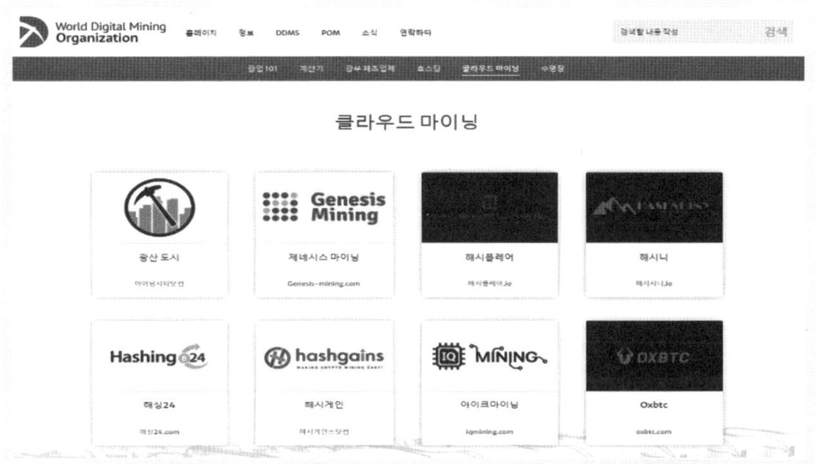

자료 3. 클라우드 마이닝, 출처 : 세계디지털채굴협회(World Digital Mining Organization)=WDMO

일하며 비트코인, 즉 돈이 들어오고 있다. 내가 잠자는 동안에도 돈이 들어오는 것은, 모두가 희망하는 것이다. 예상하지 못해 경제 활동을 할 수 없을 때 내게 돈이 들어온다면 경제적 자유뿐 아니라 정신적으로 미래에 대한 불안이 없어진다. 100세 시대에 행복할 수 있는, 우리가 반드시 만들어야 할 파이프라인을 구축하는 것이다.

08

최고의 재테크는 비트코인이다

<신의 한 수>라는 바둑 소재 영화의 한 장면이 생각난다. 주님 배역을 맡은 안성기가 이렇게 말했다.

"망가진 삶을 역전시킬 수 있는 우리 인생에서 신의 한 수가 있을까? 원래 하수는 걱정이 많지. 인생은 고수에게는 놀이터요, 하수에게는 생지옥이다."

많은 것을 생각하게 만드는 명대사다. 고수는 아니더라도 누구나 생지옥에서 살고 싶지 않을 것이다. 고수가 되고 싶지 그 누가 하수가 되고 싶겠는가? 생지옥이 아니라 인생을 놀이터 관점으로 살고 싶은 것이 당연지사다.

현실 생활에서 신의 한 수는 인생사 한 방으로 지칭할 수 있지만, 그 한 방에 결국 실패로 이어질 확률이 높다. 하수는 위기가 오면 해결할 능력이 부족함을 느끼고 회피한다. 그러나 고수들은 그 위기가 기회라고 생각하며 극복하고 그 시련을 이겨내는 예들은 수없이 많다.

그 외에도 고수와 하수의 차이는 더 있다. 고수는 좋을 때도 더 많이 준비하고 나쁠 때 좌절하지 않고 더 많은 공부로 준비한다. 하지만 하수는 과거 생각만 하고 한숨만 쉬다가 다음 기회마저 놓친다.

암호화폐 시장은 너무나 살벌하다. 24시간 휴일도 없고 전 세계적으로 시장이 돌아간다. 암호화폐 코인이 반토막이 나서 팔면 반이라도 건질 수 있다. 그러나 암호화폐를 공부하고 준비해서 코인을 선택했을 때 팔지 않고 기다리면 반토막 난 코인이라도 상장폐지되지 않으면 언젠가는 가격이 오르는 게 코인 시장의 순리다. 주식 시장도 마찬가지다.

불운, 행운, 불황, 호황 등 계속 순환하는 것이 세상의 순리다. 고수는 주식이나 코인이 반토막 나면 오히려 여유 자금 내에서 분할 매수하고 기다린다. 하지만 하수는 평정심을 잃고 팔고 난 뒤 반토막이 났다고 한숨 쉰다. 인생사도 좋은 날이 있으면 나쁜 날이 있고 나쁜 날이 있으면 반드시 다시 좋은 날이 있다. 인생은 돌고 돈다고들 한다.

가격이 떨어지면 세상이 망하는 것처럼 한숨을 쉬며 큰 손해를 보고 암호화폐 시장을 빠져나가는 분들이 많다. 단기간에 수익을 내기 위함일 것이다. 하지만 인내한 분들은 시차는 있겠지만, 수익을 실현한다. 그래서 여유 자금 내에서 중장기적 관점으로만 본다면 상장폐지되지 않은 코인들은 시간이 지나면 반드시 가격이 전고점을 찌르며 올라간다.

많은 종류의 코인들이 세계 암호화폐 거래소 시장에서 거래되고 있다. 상장된 것만 17,600여 가지가 훨씬 넘어 코인을 다 알 수 없다. 대표적인 코인인 비트코인과 이더리움만 보더라도 일시적인 가격하락은 있었지만, 시간이 지나면 반드시 전고점을 찌르고 가격이 상승했다. 암호화폐 거래소 가격 차트가 증명한다.

여기서 하수와 고수 차이가 극명하게 구분된다. 준비된 고수는 인내심을 가지고 큰 수익을 실현하지만, 하수는 주변 상황에 평정심을 잃어버리고 투자금까지 날리는 경우가 허다하다. 나는 중수 이상이라 생각한다. '고수가 되기 위해 끊임없이 공부하고 인내심을 기르고 있으니 몇 년 안에 진정한 고수가 될 것이다'라고 생각해본다.

재테크 목적은 적은 돈으로 목돈을 마련하거나 미래에 발생할 위험에 대비한 목적도 있다. 한마디로 말하면 부자가 되고 싶어 재테크를 시작한다고 봐도 무방하다. 그런데 재테크가 쉽게 보여도 일단 첫발을 딛는 순간 그리 만만하지 않다.

성공하는 것보다 실패, 실수하는 경우를 많이 보게 된다. 누가 돈 벌려고 재테크 하지 돈 잃으려고 재테크를 시작하겠는가? 재테크의 본질은 돈이 돈을 벌게 해서 부를 더 늘리는 것이다. 돈이 돈을 벌어 그 이자만으로 충분히 먹고사는 것이 재테크의 목적일 것이다.

재테크는 여러 가지 종류가 있다. 관점 차이가 있지만 크게 분류해 보자.

위험도 낮은 정기예금, 정기적금, 펀드

위험도가 높은 주식, 암호화폐, 외환 시장

안정적인 채권, 금, 그림, 부동산, 보험, 연금 등

그 외 재테크 관련 상품은 수도 없이 많다.

일반인들은 재테크라고 하면 보통 예금, 적금을 상식처럼 생각한다. 오랜 기간 적금을 넣다가 물가가 뛰는 것보다 이자가 적어 해약이 많은 편이라 한다. 정기예금, 적금 상품은 금리가 높을 때는 인기다. 지금처럼 저금리이거나 물가가 더 올라가면 이자가 상대적으로 적어 오히려 예금 적금을 유지하면 손해를 보는 경우가 발생한다.

펀드상품은 지금 유행이다. 직접 투자 방식이 아니라 전문가 그룹에 자금을 맡겨 일정한 수수료를 내고 수익이 생기면 원금과 수익금을 받는 투자 상품이다. 펀드 상품은 원금 보장이 되지 않는다. 본인이 하는 직접적인 투자보다 전문성이 있는 투자 회사가 관리해 일상생활의 방해가 적다. 재테크에 관심이 적극적인 사람이 많이 뛰어들고 있다.

주식 시장은 위험한 시장이나 큰 수익에 관심 있는 분들이 진입한다. 그만큼 접근성도 쉬워 일반 대중이 진입할 수 있다. 단기간에 일확천금을 노리고 진입하는 대부분 사람은 패가망신하며 손 털고 주식 시장을 떠나는 예가 많다. 하지만 우량주나 가치를 확실히 믿고 장기 투자를 하거나 배당받는 주들은 시간이 지날수록 수익이 커진다. 특히 금과 외환은 매수할 때와 매도할 때 수수료가 약 10% 정도 나가기 때문에 단기적 매매는 적합하지 않을 것이다. 금은 몰라도 외환은 접근성이 뛰어난 것은 아니다.

보험과 연금은 일반 상식이 됐다. 보험이나 연금 또한 많은 분이 재테크의 한 방법으로 선택하고 가입을 많이 해놓고 있다. 물론 보는 시각에 따라 필요성이 없다고 하는 극소수의 사람도 있다.

부동산으로 처음 재테크를 시작하려면 큰 자본이 들어간다. 종잣돈을 마련하는 시간이 반드시 필요하다. 물론 돈의 여유가 있다면 바로 시작할 수도 있을 것이다. 근래 10~30년 동안 대세는 부동산 재테크다. 부동산 가격이 단기적으로 가격이 잠시 주춤했던 때도 있다. 돈을 마구 찍어내니 물가 상승과 더불어 우리나라뿐 아니라 전 세계적으로 부동산 가격이 상대적으로 많이 뛰었다.

아무래도 희소성의 가치가 있는 지역 부동산은 더 뛰었을 것이다. 부동산 상품도 여러 가지 종류의 상품이 있다. 그중 일반 아파트는 얼마 전까지 환금성이 좋아 사람들은 아파트를 현금처럼 생각했다. 하지만 지금은 세금과 대출 조건을 까다롭게 한 정부의 규제로 주춤하고 실제 거래도 활발하지 않다. 그래서 자금이 급한 분들은 부동산을 급매로 부동산 시장에 서서히 내놓고 있다. 나도 예금, 적금, 펀드, 주식 등 다양한 재테크를 했지만, 수익은 크게 실현하지 못했다. 다행스럽게도 원금손실은 보지 않고 나왔다. 부동산은 의외의 수익이 생겼다.

시대의 변화로 인해 재테크 방법도 바뀌고 있다. 요즘 대세는 다양한 암호화폐에 관심사가 옮겨지고 있다. 그 대표적인 게 비트코인이다. 특히 2021년, 8,250만 원이라는 역사상 최고점을 찍은 그해는 또 한 번 전 세계가 요동치며 열광했다.

하지만 시간이 흐르면서 근래에 3,500만 원까지 떨어졌다. 다시 5,000만 원 선에 가격이 회복하며 추세가 어디로 갈지 세계가 주목하고 있다. "고가다. 아니다. 이제부터 시작이다" 등 많은 예측론이 나오고 있다.

이것을 아는가? 만 원 할 때도 10만 원 할 때도 100만 원 할 때도 심지어 1,000만 원 할 때도 가격이 더 올라갈 것으로 예측한 사람들이 있다. 긍정적으로 예측한 이들의 말대로 가격은 끝도 없이 올라갔다. 비트코인 가격이 요즘은 "1억 원 간다"라는 말은 예사다. "10억 원 간다. 100억 원 간다. 무한대까지 간다"라는 말까지 나오고 있다. 역사를 왜 공부하는가? 과거를 알아야 현재를 알고 미래를 예측할 수 있다고 배웠다. 비트코인은 과거 13년 동안 가격이 잠시 주춤한 적은 있었다. 하지만 0원에서 최고점 8,250만 원까지 약 8,250만 배의 가치로 뛰었다.

4차 산업혁명이 본격적으로 시작하는 2022년에 블록체인과 함께 가는 비트코인의 가치는 어떻게 평가받을 것인가? 이는 과거를 보면 확실히 예상할 수 있을 것이다. 비트코인의 무궁무진함과 그 가치는 누구도 가늠할 수 없다. 비트코인은 총발행량이 2,100만개뿐이라는 희소성을 자랑한다. 그래서 비트코인의 가치를 제대로 이해한 사람에게는 최고의 재테크가 될 것이라 확신한다.

DECENTRALIZED · DIGITAL · BITCOIN
DECENTRALIZED

PART 3

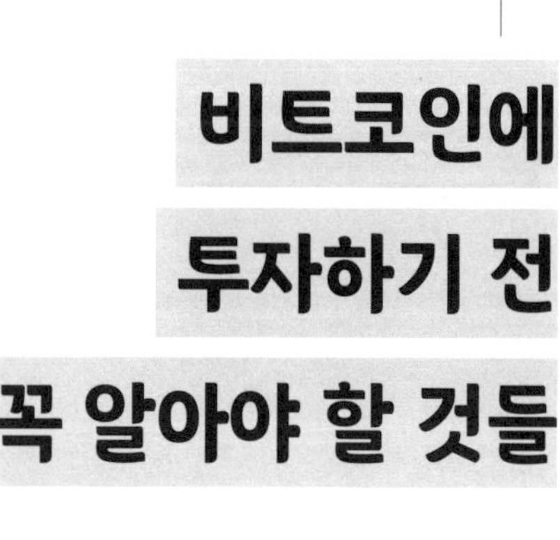

비트코인에 투자하기 전 꼭 알아야 할 것들

01

최소한의 가상 자산 지식과 투자 개념 알기

내게 암호화폐가 궁금해서 문의하는 지인들이 있다. 주식만 하다 코인 시장을 보니 난리도 이런 난리가 없다고 자기도 해보겠다고 꼭 주식과 비교한다. 주식을 10년 정도 투자해봤기 때문에 암호화폐는 주식 시장과 다른 점을 가진 시장이라고 말해도 가격만 이야기한다. 우리가 먼저 가상 자산 시장에 뛰어들기 위해선 가격만 보는 것이 아니라 최소한의 가상 자산 지식과 투자 개념을 알 필요가 있다.

코인 시장에 뛰어들기 위해서는 '코인마켓캡(https://coinmarketcap.com)'이란 사이트를 알아야 한다. 이 사이트를 검색해보면 2022년 2월 현재, 전 세계 거래소에 상장된 코인만 하더라도 17,600개가 넘고 거래소는 수천 군데가 넘는다. 거래소에 상장된 코인의 발행 개수뿐 아니라 가격, 시장 점유율, 거래량, 탄생연도, 가격 변동폭, 어떤 거래소에 상장됐는지 등을 전 세계적으로 알 수 있다. 이 많은 코인을 다 알기에는 시간과 노력이 많이 필요하고 다 투자할 수 없다.

그러나 간략하게라도 코인을 분류하고 본다면 이해하기 쉬울 것이다. 코인을 분류하려면 먼저 '채굴 코인'인지, '발행 코인'인지를 구분해야 한다. 채굴 코인은 비용을 들여서 거래장부를 만든 대가로 획득하는 코인이고, 발행 코인은 개발자나 회사가 일정 수량을 인터넷상에 발행하는 것이다. 채굴 코인은 대부분 개수가 적고 계속 비용이 들어가 가격이 비싼 편이고, 상대적으로 발행 코인은 가격이 싼 편이다.

코인마켓캡에 있는 17,600가지의 코인을 대략적 분류하면, 다음과 같다.

1) 채굴 코인, 발행 코인 분류

채굴 코인으로는 비트코인, 비트코인캐시, 비트코인sv, 비트코인골드, 비트코인볼트, 비트코인abc, 비트코인다이아몬드, 모네로, Z캐시, 라이트코인, 이더리움, 이더리움 클래식, 일렉트릭캐시, 파일코인 등 100여 가지 코인이 있다. 채굴 총개수가 적고 지속적인 비용 투입으로 고가인 경우가 많다. 발행 코인은 그 외 대부분으로 보면 된다. 발행 코인은 총발행 개수가 대부분 수억, 수십억, 수백억 개 이상 발행해서 가격이 좀 저렴한 편이다. 17,600개 코인 중 99% 이상이 발행 코인이다.

2) 가치저장 코인, 기술 코인

가치저장 코인으로는 비트코인이 대표적이다(총수량이 적을수록 희소성이 있어 가치가 있다. 비트코인은 총수량이 2,100만 개인데 그중 현재 약 1,900만 개가 세상에 나와 있다).

기술의 코인들은 비트코인의 단점을 보완하면서 기술이 한층 발전된 코인으로 이더리움, 에이다, 리플, 이오스, 트론, 네오, 폴카닷 등 수많은 코인이 비트코인 단점을 보완하기 위해 나왔다.

이렇듯 17,600여 가지 코인들을 간략히 분류해봤다. 더 이상의 코인 분류는 전문적으로 일하는 사람이면 모를까 처음 코인을 접하는 일반인들은 이 정도로 분류하고 코인 시장을 봐도 무난할 것이다. 모든 코인의 성질과 미래 가치를 분석하고 다 알기에는 시간이 필요하고 더 깊은 공부를 해야 알 수 있다. 가격만 보지 말고 최소 이 정도는 분류하고 코인을 본다면 이해하기 쉬울 것이다.

채굴 코인인지 발행 코인인지, 가치저장 코인인지 기술의 코인인지 분류해보면서 관심 있는 코인이 있다면 그 코인의 가치와 가격을 이해할 수 있다. 개인적인 성향에 맞게 접근하고 투자하면 도움이 될 것이다.

관심 코인이 있다면 코인마켓캡을 살펴보며 세계 거래소에 몇 군데 상장되어 있는지 확인하고, 전 세계 총거래량이 얼마인지만 확인만 해도 리스크 관리가 가능할 것이다.

비트코인은 가격도 제일 비싸고, 코인 시장에서 40~60% 비중으로 1위를 차지하고, 하루 거래량이 50조 원에서 100조 원에 이르는 1등 거래량을 점하고 있어서 가장 대표적인 코인이다.

1세대 블록체인은 비트코인으로 대표되는 거래내역을 분산하는 세대에서, 2세대 블록체인은 이더리움으로 대표되는 스마트계약인증 등으로 발전하고 있으며, 이젠 제3세대 블록체인으로 에이다로 대표되는 건강, 문화, 사회, 경제 투표와 사법으로 발전하고 있다.

올해는 2022년이다. 2021년은 암호화폐가 제도권 안으로 약진하는 한 해였다. 비트코인이 8,250만 원으로 사상 최고치까지 올라갔다. 코인 시장에 메타버스, NFT, 디파이 같은 단어가 심심치 않게 언론에 나와 일반인들이 어려워한다.

한 친구는 메타버스, NFT, 디파이에 투자하고 있어서 시장이 어떻게 변하고 있는지 상황을 이야기한다. 친구 중 유일하게 대화가 통하는 상대다. 가상 자산 시장 시대의 흐름을 알고는 있어야 않겠는가! 2022년에는 언론에서 더 많이 거론될 것이다.

메타버스(META와 UNIVERSE를 합친 것으로)란 온라인 공간상, 가상을 초월한 현실과 우주가 현실 세상과 똑같이 존재한다는 뜻이다. 인터넷상에서 현실처럼 농사도 짓고 돈도 벌고 가상 부동산도 사고팔고 할 수 있어 돈을 벌 수 있는 마치 현실 세상과 같은 인터넷 세상이 탄생하고 있다. 블록체인이 있어 가능하다.

NFT(Non Fungible Token)란 대체 불가능한 토큰이란 뜻으로 디지털 인증서라고 한다. 코인 안에 그림과 노래, 동영상 등이 들어 있는데 업비트 거래소에 NFT를 보면 저렴한 것은 한 개 몇십만 원, 많게는 800억 원 하는 NFT 코인도 있다. 놀랍지 않은가! 누군가는 그 가격으로 사고팔고 있다.

디파이(Decentralized finance)란 블록체인 기반으로 탈중앙 금융을 뜻한다. 기존 은행의 돈으로 하는 금융이 아니라 은행에 코인을 맡기면 코인으로 이자를 주거나 현금을 대출해주는 것을 말하는데, 시중 은행들도 지금 준비 중이다. 특히 대한민국은 법이 나오기만을 기다리고 준비 중이다. 이렇게 세상은 변하고 있다. 많은 먹거리가 암호화폐 시장에 등장하고 있다. 최소한 이런 용어를 알아야 가상 자산 시장에 첫발을 디딜 수 있을 것이다.

블록체인과 비트코인이 존재하기 때문에 가능한 것이다. 그 기반에는 비트코인이 있어 가능하다. 비트코인의 뿌리는 깊고 그로 인해 다른 세상으로 준비하며 신상품들이 세상으로 나오고 있다. 비트코인을 투자하기 전에 세상이 어떻게 흘러가는지 최소한의 가상 자산 지식과 투자 개념은 알고 시작을 해야 전체가 보이고 앞으로 흘러갈 방향성을 잡을 수 있다.

디지털 자산의 시대가 되면 반드시 디지털 자산공부를 시작해야 한다. 부의 기회가 존재하기 때문이다. 나뿐만 아니라 적어도 자식들에게라도 부의 기회를 어떻게 잡아야 할지 조언이라도 해줄 수 있다. 지인 중에 여유가 있는 분들은 벌써 디지털 자산으로 증여하고 상속을 준비 중인 분이 꽤 많다. 일정량의 코인을 매수해서 증여하는 것이다. 물론 2022년부터 우리나라에서는 코인도 상속과 증여세 대상이 되고 있다.

투자와 투기는 같으면서도 다른 점이 많다. 투자란 현재의 소비를 줄여 미래 수익을 기대하며 비용을 치르는 것이고, 장기적 관점에서 분석하고 공부하며 미래 가치를 보고 적절한 기대 수익을 추구하는 것이다. 투기란 오로지 가격만 보고 단기적으로 지나친 수익을 추구하며 리스크를 크게 가지고 주위 사람 말만 믿고 가는 묻지 마 투자다.

당신과 나는 여기서 공부하며 준비 중이다. 가상 자산 시장에 투자할지, 투기할지는 본인 선택이다. 비트코인 투자도 마찬가지다. 그래서 최소한의 가상 자산 지식과 투자 개념을 알고 제대로 준비해 시작한다면, 우리 미래를 위한 진정한 투자자가 되는 것이 아닐까?

02

암호화폐 시장의 특징

오늘 아침에 한 지인에게 "왜 이렇게 비트코인 가격이 하락하죠?" 하며 전화가 왔다. "네, 누군가 자꾸 파니 가격이 하락하는 것 아니겠어요?"라고 단순하게 말씀드렸다. "그래도 너무 많이 떨어지는 거 같아 걱정돼서 밤잠을 설쳤네요"라고 하신다. 그렇다. 암호화폐 시장은 24시간 전 세계 거래소에서 쉼 없이 거래가 되고 있다. 가격이 올라갔다 내려갔다 하면서 밤낮 없이 거래된다.

주식 시장은 우리나라의 경우 9시부터 3시 30분까지 정규 거래가 이뤄지고, 국가별로 거래되고 있다. 하지만 암호화폐 시장은 전 세계에서 365일 24시간 거래가 된다. 이런 이유로 암호화폐 시장은 전 세계를 열광하게 만들고 있다. 기존 상식과 다른 새로운 거래 문화가 암호화폐 시장에서 생기고 있다.

우리는 일정한 시간 동안 사회생활을 하고 몇 시간 정도는 잠을 자야만 한다. 휴식 시간이 필요한 것이다. 그래야 건강을 유지하고 새로운 하루를 맞이할 수 있다. 하지만 암호화폐 시장은 대한민국뿐 아니라 세계적으로 24시간 연중무휴로 거래되고 있다. 잘못하면 돈을 벌려다 건강까지 잃을 수도 있다.

얼마 전 TV에 암호화폐를 전업으로 트레이딩 하는 젊은 세대의 하루 일상을 보여주는 내용이 있었다. 20~30대 6명이 모여 오피스텔에서 사무실 겸 숙소를 사용하면서 암호화폐를 거래하는 일상을 보여주며 인터뷰한 내용이었다. 단기적 매매를 위주로 하기에 돈은 잘 벌고 있었다.

그러나 생활은 휴식도 마음 편안하게 할 수 없고 잠도 거의 자지 못하고 있었다. 소화 불량도 나고 쉴 때도 암호화폐 거래소 가격을 지켜보니 건강을 해치는 것이었다. 1년 정도 더 하다 암호화폐 단기 매매는 그만해야겠다고 했다. 돈을 벌다 잘못하면 건강을 해치고 목숨까지 위태로워질 수 있다는 것을 말하고 있었다. 왜냐하면 세계적으로 24시간 거래되며 가격 변동 폭이 크기 때문이다.

그래서 전업으로 암호화폐를 단기 매매하면 생활에 지장을 줄 수 있다. 전업하는 분들은 자기 관리가 철저하지 않으면 돈도 잃고 건강까지도 잃을 수 있다. 일반인은 암호화폐 시장에서는 단기 매매보다는 가격이 아니라 가치를 보며 중장기적으로 보유하는 것이 일상생활에 영향을 주지 않고 살아갈 수 있다. 365일 24시간 실시간으로 휴일 없이 암호화폐 시장은 활발히 거래되고 있다.

투자 상품으로 부동산, 주식, 채권, 금, 외환 등 기존 투자처는 다양하게 있다. 국가가 통제하고 관리한다. 주체가 있는 것이다. 하지만 암호화폐 시장은 그 누구도 통제할 수 없고 국가마저도 통제할 수가 없다. 각국은 초기에 암호화폐를 죽이기 위해 수없이 통제를 가했다. 그러나 비트코인은 13년 동안 죽지 않았고 더욱더 강력하게 성장했다. 단순히 인터넷상 숫자가 아닌 실제 가치를 지니게 됐다. 교환가치까지 가진 강력한 민간화폐로 더욱더 굳건하게 성장했다.

실제 많은 국가에서 비트코인으로 결제를 시작하고 있다. 비트코인 ATM기도 미국에서는 설치되고 있다. 이제는 암호화폐를 국가마저도 인정하고, 죽이는 것보다 활성화하는 것이 국가에 이익이 된다고 판단해 제도권 안으로 들어오고 있다.

공산국가 중국이 비트코인을 죽이려 했지만, 미국으로 옮겨갔다. 미국이 간섭하니 영국으로 이동했다. 암호화폐는 전 세계적으로 거래되고 있어 없앨 수도 없고, 탄압할 수도 없다. 인터넷 어디나 존재하는 비트코인을 죽이려면 인터넷을 폐쇄해야 한다. 그리되면 세상이 어찌 되겠는가? 아마도 전 세계적으로 마비될 것이다.

지엽적으로 한 국가에서 없앨 수도 있지만, 전 세계적으로는 불가능하다는 것을 각국이 깨달은 것이다. 그래서 죽이기보다 활용해 더 이익을 챙겨 가자는 의견이 우세해지고 있다. 엘살바도르는 경제 위기로 비트코인을 법정 화폐로 선택해 사용하고 있으며, 5개국 정도는 비트코인을 법정 화폐로 인정하는 법안을 상정해 법 통과되기를 기다리는 상황이다. 미국의 몇 개 주도 법정 화폐 인정 법안을 준비 중이다. 이래도 비트코인을 부정할 것인가!

기업은 물론 국가마저도 비트코인을 인정하고 실생활에 활용하기 위해 전문팀까지 운영하고 있다. 세금을 비트코인으로 받고 월급을 암호화폐로 주는 실제 예들은 얼마든지 나오고 있다. 미국 뉴욕시는 비트코인 전문 도시로 만들겠다고 뉴욕 시장이 말하고 있다. 암호화폐로 월급을 받을 것이라고 공공연히 발표하고 있다.

이제 비트코인을 없앨 수 없다. 국가마저도 인정하고 있는 흐름이고 한 개인이나 기업은 비트코인을 어떻게 할 수가 없다. 13년 동안 국가마저도 없애지 못했다. 이제는 긍정적인 시각으로 돌아서고 있다. 국가마저도 비트코인을 죽일 수 없다는 것을 이젠 알았다.

실제 활용하고 인정하는 분위기다. 미국과 중국마저도 없애지 못했다. 비트코인 및 암호화폐 시장 통제 주체는 그 누구도 아니고, 그 어떤 국가도 통제할 수가 없다. 전 세계 1억 명 가까운 인류가 지지하고 있다. 비트코인을 신뢰하며 믿음을 가지는 수는 점점 늘어나고 있다.

인터넷상의 숫자일 뿐인 암호화폐 가치는 서로 간의 믿음과 신뢰로 인해 실생활에서 활용뿐 아니라 교환수단으로 발전하고 있다. 비트코인 가격과 가치는 우리가 끝을 알 수 없이 계속 올라가고 있다. 13년 전 비트코인은 가치가 전혀 없었다. 하지만 2021년에는 8,250만 원까지 올라갔다. 5년, 10년 후 가격은 어떻게 될지 그 누구도 상상할 수가 없다.

기존 화폐처럼 마음대로 찍어낼 수 없고, 총개수는 2,100만 개로 희소성이 있기 때문이다. 세계 인구가 70억 명 정도다. 비트코인을 한 개씩 가지기도 부족한 것이다. 그래서 투자 회사뿐 아니라 민간기업에서도 비트코인 보유 비중을 계속 늘리고 있다. 나스닥 상장회사 중 수십 군데 큰 기업들도 보유하고 있다고 발표했다.

여기서 주목해야 할 것은 국가마저도 비트코인을 구매하고 있다. 베네수엘라는 국가적 차원에서 비트코인을 채굴하고 있다. 공식적 발표로는 5개 국가가 비트코인을 보유 중이다. 공식 발표는 없었지만 얼마나 많은 국가가 비트코인을 가졌는지 모른다. 그들이 발표하지 않은 이상 우리는 알 수 없기 때문이다. 하지만 조만간 많은 국가가 공식 발표를 할 것이다. 암호화폐뿐 아니라 비트코인은 세계적인 큰 물결이다. 한 국가가 막을 수 있는 성질이 아닌 것이다.

우크라이나, 불가리아, 엘살바도르, 핀란드, 조지아, 베네수엘라가 비트코인을 보유하고 있다고 공식 인정했다. 남아프리카 공화국은 친암호화폐 정책법안이 계속 나오고 있다. 계속 비트코인 보유 수량을 늘려갈 것이라고 발표하고 있다. 이래도 비트코인을 사기니 거품이라 말할 것인가?

그런데 아직 시작도 안 했다는 것이다. 영국과 호주, 캐나다 등 선진국도 비트코인 ETF(Exchange Traded Funds) 선물과 현물 상품이 탄생했다. 미국이 비트코인 ETF 선물은 승인했지만, 비트코인 ETF 현물은 아직 승인하고 있지 않다.

하지만 2022년에는 승인될 것이라고 전문가들은 확신하고 있다. ETF는 상장지수펀드로 비트코인 현물까지 통과된다면 완전히 제도권 안으로 들어오는 것이다. 미국에서 ETF 현물 승인이 난다면 법적으로 진정한 출발이 시작되는 것이다. 그래서 세계는 이 승인을 주목하고 있다. 기축통화 달러를 보유한 미국 행보를 세계가 주목하고 있다.

이렇게 전 세계적으로 암호화폐 시장은 이제 그 누구도 통제할 수 없다. 제도권 안으로 들어오기 시작한 것이다. 암호화폐 거래소에 상장된 17,600가지 코인 중 비트코인이 차지하는 비율은 거래량뿐 아니라 시가 총액은 절대적 1위다. 총암호화폐 중 시가 총액이 40~60%를 차지하고 있다. 게다가 총개수는 2,100만 개로 희소성이 있다.

단순 가상 숫자가 아닌 세계적인 믿음과 신뢰를 바탕으로 가치를 지니게 됐다. 그래서 암호화폐 중 비트코인은 한 국가의 영향을 받지 않는다. 세계적인 통용을 꿈꾸는 비트코인은 이제 첫걸음마를 시작하고 있다. 암호화폐는 세계를 단일하게 움직이게 하는 새로운 인류의 상품이자 화폐다. 그 주역은 비트코인이다. 그 뒤에서 블록체인이 든든하게 밀어주고 있다.

03

코인 가격은 어떻게 평가되는가

부동산이나 금처럼, 실물 가치가 있는 것을 재산적으로 가치 판단 내리는 것을 평가라고 한다. 사람을 평가할 때도 여러 가지 잣대를 가지며 마음속으로 결정한다. 앞에 언급한 것은 실제 모습이 존재하고 실제 손에 잡히는 실물이라도 있다. 하지만 암호화폐 코인들은 인터넷상에서만 존재하는 숫자다. 그런데 현재 몇 원에서 몇천만 원까지 가치 평가를 받고 있다. 왜 그런 것일까?

전 세계 거래소에 상장된 코인만 보더라도 17,600여 가지가 넘는다. 상장되지 않고 모르는 코인까지 합치면 수만 개가 넘어간다. 코인의 가치와 가격은 그럼 어떻게 평가되고 있는 것일까?

일단 그 코인의 총개수를 먼저 확인해야 한다. 비트코인은 세계적으로 인정받고 있다. 총개수는 2,100만 개 한정이다. 일상생활에서도 소수의 한정판은 관심의 대상이 되고 가격이 비싸다. 그림의 경우를 보더라도 화가가 죽으면 그 그림의 가격은 더 올라간다. 그 화가의 그림을 더 이상 볼 수 없기 때문이고 희소성이 있기 때문이다.

코인마켓캡을 확인해보라. 총개수가 작은 것은 고가다. 총개수가 수백, 수천억 개인 코인은 가치가 거의 없어 코인 하나에 몇 원 하는 코인도 많다. 따라서 제일 먼저 총발행량을 체크하고 채굴 코인인가, 발행 코인인가도 살펴봐야 한다. 채굴 코인은 시간을 두고 점차 세상에 나온다. 그래서 상대적으로 고가의 가격이 형성된다. 발행 코인은 한 번에 대량으로 나오기 때문에 그 코인의 가치는 그리 높게 평가되지 않는다.

암호화폐 중 대표인 비트코인은 채굴 코인으로 총개수가 2,100만 개다. 2022년 2월 현재 1,900만 개 정도가 채굴되어 세상에 나왔고 2140년까지 채굴되어 총 2,100만 개가 발행된다. 그래서 총발행량이 나오기까지 시간이 오래 걸린다. 발행 코인은 보통 몇억 개 이상 동시에 발행해서 세상에 나오기 때문에 가격이 저렴하게 평가받는다. 제일 첫째는 희소성의 여부일 것이다.

코인이 인터넷상에 나올 때 기술력 또한 중요하다. 코인 시초인 비트코인을 시작으로 헤아릴 수 없는 많은 코인이 탄생했다. 다른 코인들이 나오면서 비트코인 단점을 보완하며 비트코인 기술력을 뛰어넘어 대표 코인이 될 거란 포부를 가지면서 탄생했다. 코인의 시초인 비트코인보다 높은 평가를 받을 수 없지만, 뛰어난 기술력을 인정받아 가치가 점점 올라가는 코인도 있다.

기술력이란 코인이 이체되는 동안의 빠른 속도, 각 플랫폼 간의 이동이 자유로운 기술력 등이 있다. 비트코인은 10분 동안 2,000~3,000건 정도 이체를 처리한다. 거래내역 작성 및 이체 속도가 늦다. 그러나 코인의 원조인 이유로 가격이 높게 평가되고 있다.

코인이 나오면 백서라는 것을 발표한다. 코인 백서란 코인을 만들게 된 동기, 운영, 전망 등 일명 기존의 회사로 치면 마스터플랜 및 기업 공개 같은 것을 말한다. 코인의 사업 실효성과 사업의 진척 상황 및 얼마나 많은 파트너사와 긴밀한 협력 관계를 맺는지를 살펴봐야 한다. 그 코인이 발전하는 현실도 가격과 가치를 평가하는 중요한 항목이 된다.

코인의 로드맵과 시장 내외부의 직간접적인 뉴스 중 호재와 악재에 의한 가격등락이 있다. 그에 영향을 받아 암호화폐 시장은 공포와 탐욕과 소문, 각종 전망들이 퍼져 나간다. 그 정보의 오류도 존재하겠지만 가격 변동이 나타난다.

그리고 각 코인의 보유자들이 많은지, 채굴자들이 더 투입되는지 빠져나가는지, 구매자들이 더 많아지는지, 해당 코인 사용자들이 증가하는지, 파트너사들이 줄어드는지 늘어나는지 등 생태계의 크기에 따라 가격이 평가되기도 한다.

기술의 코인인 이더리움을 대표적으로 예를 들어보자. 1세대 블록체인인 비트코인을 이어 2세대 블록체인인 이더리움은 스마트계약으로 발전한 코인이다. 채굴 코인이라서 채굴할 때마다 비용이 들기 때문에 이더리움 개당 가격이 고가다. 발행량은 무제한이다. 하지만 일정량을 소각할 때마다 가격은 많이 올라간다. 희소성이 높아지기 때문이다.

2022년에는 작업증명(POW=PROOF OF WORK) 방식에서(전기세, 관리비 등 비용이 많이 드는 방식), 지분증명(PROOF OF STAKE) 방식으로(보유하고 스테이킹함) 바꾸려고 준비 중이다. 일정한 보유지분에 따라 이더리움을 주는 방식이다.

우리나라는 전기세가 외국에 비해 비싼 편이다. 비트코인 채굴기로 채굴하려면 각종 하드웨어가 비싸고 전기세, 관리비 등 비용이 많이 든다. 우리나라에서 비트코인 채굴은 비용이 많이 들어 수익성이 나오지 않는다. 따라서 우리나라에서 비트코인을 채굴한다는 말은 거짓이고 사기다. 생애 처음 암호화폐를 접하는 분들은 꼭 참조하길 바란다.

발행되는 코인의 개발자가 한 명인지, 팀을 이루는 구성원이 유명인인지, 초보인지 이것을 살펴봐야 한다. 코인 발전을 위해 발행 코인 재단 구성이 어떠한지도 가격과 가치를 평가하는 데 중요한 평가 기준이 되고 있다.

코인이 발행된 나라의 영향도 받는다. 미국, 영국, 중국, 싱가포르, 에스토니아, 키프로스 등 많은 국가에서 코인이 탄생하고 있다. 어떤 나라에서 코인이 발행되어 유통되고 있는지도 참고해야 한다. 코인의 역사도 짚어 봐야 한다. 코인이 탄생한 지 적어도 3년 이상이고 많은 암호화폐 거래소에 상장돼 있고 하루 거래량이 꾸준히 많은 코인은 가격이 높게 평가되고 있다.

경제 상식으로 공급이 많으면 가격이 내려가고, 수요가 많으면 가격이 올라간다. 각 코인의 매수자가 많으면 가격은 올라갈 것이고, 매도자가 많으면 가격이 하락한다. 하지만 일반 주식처럼 상한가, 하한가가 존재하지 않는다. 하루에 1,000% 상승하는 코인을 나는 눈으로 직접 확인했다. 그리고 상장 폐지되는 코인도 수없이 확인했다. 초보자들은 조심해야 한다. 가격 변동 폭뿐 아니라 수많은 코인이 상장됐다, 폐지됐다 하는 위험성이 많은 암호화폐 시장이다.

최소한 앞에서 말한 사항을 참고해 각 코인에 접근한다면 큰 위험을 방지할 수 있을 것이다. 암호화폐 중 대표적 가치저장 코인인 비트코인과 기술의 코인인 이더리움만 선택해도 암호화폐 시장에서 가장 안정적인 투자처가 될 것이다.

앞의 내용을 참고해 분석하고 여유 자금 내에서 분할 매수한다면 큰 가격 변동 폭을 견딜 수 있다. 하지만 몰빵 투자는 그 큰 변동 폭을 견딜 수 없어 손해를 보고 빠져나가는 사람들이 부지기수로 많다.

종종 사람들이 "새로운 코인이 곧 상장될 건데 조금 투자하시죠"라고 물어온다. 아니면 "이런 코인 어때요?"라고 분석해달라고 부탁할 때도 있다. 상장 전 코인은 일단 마이너스 50%다. 상장된 코인만 봐도 된다. 그리고 한 번 정도는 물어본다. "채굴 코인인가요? 발행 코인인가요?" 그리고 총개수도 물어본다. 코인 총발행개수가 1억 개 이상 넘어가면 나는 쳐다보지 않는다. 코인은 앞에서 보시다시피 '상장될 거다', '100% 이상 가격이 올라갈 거다' 등 여러 가지 평가 항목들이 존재한다. 특히 암호화폐 거래소에 상장되지 않은 코인 미래는 거의 믿지 않는다.

과거 한발 뒤에서 지켜볼 때 상장될 거라는 코인 99%가 상장되지 않고 사라졌다. 그래서 암호화폐 시장은 공부하지 않고 무턱대고 뛰어들면 위험한 것이다. 가격만 쳐다보지 말고 최소한 각자의 평가 기준을 정해서 들어간다면 큰 위험을 사전에 방지할 수 있다. 그리고 믿을 만한 멘토를 찾는 것도 현명한 방법일 것이다.

04

2017년 불장과 2021년 불장 알기

나는 2017년 3월에 비트코인이라는 용어를 처음 접했는데, 그때는 알아듣지 못했다. 그저 주식같이 생각했다. 거래소 가격을 보니 몇십만 원 선에서 거래되고 있었다. 주식처럼 싸게 매수해 가격이 오르면 시세차익으로 매도해 수익을 실현하는 정도였다. 큰 수익은 아니지만 한 달 술값이나 차비 정도 수익을 실현하는 재테크의 한 가지 방법일 뿐 큰 의미가 없었다. 술안주로 지인들과 대화했지만 그런 게 어디 있냐고 물어보면 딱히 나도 아는 것이 없어 깊게 설명하지 못하고 그냥 돈 몇 푼 번다는 정도였다. 대부분 주식에 관심을 가졌지, 비트코인은 너무 위험하다는 둥 하지 말라는 둥 걱정해줬다.

하지만 2017년 연말로 가면서 비트코인 가격이 100만 원, 300만 원, 1,000만 원, 최고 2,880만 원까지 단기간에 가격이 치솟으니 주변에서 연락이 왔다. "도대체 비트코인이 뭐길래 가격이 올라가? 더 올라가겠어?" 등 여러 가지 질문과 궁금한 것을 물어봤다.

그러나 나는 깊은 지식이 없는지라 가격만 이야기했다. 올라갈지 떨어질지 내가 어떻게 알겠냐고. 물론 나도 1,000만 원 정도 비트코인에 투자해서 거래소 계좌를 보니 몇 배로 수익이 높아진 것을 보고 좋아했다. 하지만 몇 개월 후 마이너스가 됐다.

그런데 주위를 둘러보니 대한민국 전체가 열광하고 있었다. 돈이 주식에서 가상화폐 거래소로 옮겨지고 있었다. 주식은 떨어지고 가상화폐는 연일 최고점으로 어디까지 가격이 올라갈지 알 수 없었다. 끝없는 가격폭등 현상이 벌어졌다. 가상화폐 비트코인 가격은 외국 거래소보다 10~60%까지 가격이 높았다. 김치 프리미엄이라는 신조어까지 생겨 외국 언론에서도 자세히 보도했다.

그야말로 대한민국은 전 세계 주목을 받았고 가장 뜨거운 이슈로 몇 달간 계속 보도되고 있었다. 연일 언론에서는 비트코인에 관한 뉴스가 흘러나왔다. 사회적 이슈로 블록체인 가상화폐 등 TV 토론까지 벌어지는 진풍경이 일어났다.

처음에는 긍정론과 부정론이 팽팽했다. 유명인들은 비트코인의 단점만 부각시켰고 대한민국 정부 고위 관료들은 강한 부정론으로 언론에서 이야기했다. 블록체인은 발전시키고 비트코인은 없애서 분리해야 한다는, 지금 생각하면 말이 안 맞는 논리까지 등장했다. 특히 유시민은 튤립 사태를 비교하며 거품 논리를 전개했다. 비트코인은 국민을 우롱하는 것이라고 적대적으로 비트코인을 부정했다.

당시 정부 고위 공직자 박상기 법무부 장관은 언론브리핑에서 비트코인을 '돌멩이'라고 비유하며 가상화폐 거래소까지 폐쇄할 수 있다는 말까지 했다. 우리나라 거래소 회원들은 외국 거래소로 이동하는 이들도 많았다. 암호화폐 시장은 극도로 얼어붙고 가격은 연일 폭락했다. 가상화폐를 부정적으로 보는 정부에 힘을 실어줬으며 국민의 호응을 얻기도 했다. 가상화폐 거래소는 성인뿐 아니라 미성년자도 회원가입이 가능했다. 불법이 아니라 무법이었기 때문이다.

당시 가상화폐 시장 열풍에 찬물은 끼얹은 사건들을 유시민의 난, 박상기의 난으로 표현하며 인터넷을 뜨겁게 달궜다. 부정적 시각이 대세였고 대한민국 정부 입장은 단호했다. 그렇게 대한민국을 뜨겁게 달구었던 2017년 말에서 2018년 초가 지나가고 있었다. 가격이 폭등해 오로지 가격만 보고 따라가 돈을 번 사람은 극소수였다. 폭락 후 가상화폐에 투자한 대다수 사람은 '이건 아니다'라며 1년도 못 견디고 가상화폐 시장을 빠져나갔다. 가상화폐는 가상화폐일 뿐이라며 손해를 보고 나갔다. 그중 몇 분은 가슴 아프지만 큰 빚을 지며 생을 마감한 뉴스도 많았다.

이렇게 대한민국은 가상화폐 홍역을 치르면서 지나갔다. 역사는 흘러가고 있었다. 소수는 큰돈을 벌었다. 하지만 다수는 돈을 잃은 상황이었다. 가상화폐에 대한 시각은 여전히 부정적인 여론이 우세했다. 블록체인과 비트코인의 진정한 가치는 모르고 역사 속으로 사라지는 듯했다. 비트코인 가격은 350만 원까지 떨어졌지만, 유유히 또 다른 성장을 위해 흘러가고 있었다. 우리나라가 가상화폐 시장을 세계적으로 리드할 수 있는 기회를 놓쳤다는 것이 안타까울 뿐이다.

그러나 2021년 암호화폐 시장은 차이가 아니라 완전히 차원이 다른 불장이었다. 2021년 초에 또다시 비트코인 가격이 움칠하니 정부는 선제 대응했다. 가격이 8,250만 원까지 폭등했다. 은성수 금융위원장은 "암호화폐는 투자자 보호 대상이 될 수 없다. 암호화폐는 투기성이 강하며 내재 가치가 없다"라고 언론에 발표했다.

하지만 이번에는 국민들 대응이 달랐다. 2030세대는 분노했다. 2020년부터 일자리 부족과 경기침체로 청년세대들은 극심한 취업난과 생활고에 시달렸다. 청와대 국민 청원에 은성수 금융위원장 자진 사퇴를 촉구하는 청원이 있었다. 10만 명 이상의 찬성을 얻으며 큰 이슈가 됐다.

지금의 청년세대는 일자리를 구하고 싶어도 얻지 못하고, 월급만으로는 결혼도 하기 힘들고, 집을 살 수도 없다. 기성세대의 잣대는 청년세대에게는 그저 간섭이었다. '기성세대는 부동산으로 부를 이뤘는데 청년세대는 암호화폐에서 부를 이루지 말라는 법도 없지 않냐!'라는 여론이 강했다. 그러자 정부는 한발 뒤로 물러났다. 암호화폐 시장이 제도권 안으로 들어오는 계기가 된 것이다.

이렇듯 2021년의 암호화폐 시장은 2017년과 완전히 다르다. 2017년에는 가격만 봤다면 2021년 대한민국은 블록체인 신기술을 인정해야만 했다. 그 안에 비트코인이 더불어 가야 한다는 것을 깨닫기 시작했다. 암호화폐가 2021년부터 제도권 안으로 들어오기 시작하는 원년이 되기 시작한 것이다.

암호화폐 거래소는 성년자만 가입하고, 실명 거래만 가능하게 했다. 대한민국은 블록체인이 미래의 먹거리로 제일 중요한 분야라고 발표까지 했다. 비트코인 및 암호화폐에 대한 세금까지 거두겠다고 발표했다. 몇 년 전과는 사뭇 다른 행보다. 미국뿐 아니라 영국, 호주, 캐나다 등 선진국들이 암호화폐를 어떻게 보고 대처하는지를 알았기 때문이다. 2021년 가상 자산이란 표현까지 한국은행에서도 인정했다. 암호화폐, 가상 자산, 디지털 자산 등 용어가 아직 뚜렷하게 법적으로 정비되지 않고 있다. 그러나 국회의원들은 블록체인과 암호화폐 관련 일을 하는 사람의 말을 자세히 경청하고 자문도 하는 상황이다.

2022년은 확실하게 법 정비가 이뤄질 것이다. 블록체인과 암호화폐가 제도권 안으로 확실히 들어오고 있다. 2022년 대선에서도 후보자들은 공통으로 암호화폐를 언급하고, 청년층뿐만 아니라 국민을 위해 긍정적으로 검토하고, 규제보다는 발전을 위해 정책을 펼칠 것이라고 공약했다. 이제는 더 이상 규제할 수 없는 사안이 된 것이다. 국민이 원하고 국민이 지지하는 블록체인, 암호화폐로 성장했다.

시대 대세는 사람이 막을 수 없다. 대한민국뿐 아니라 전 세계가 암호화폐 및 비트코인에 관심을 집중하며 부가 이동 중이다. 더 이상 시대의 흐름을 막아서도 안 되고 막을 수도 없다. 블록체인과 비트코인은 4차 산업혁명에서 IT 강국인 대한민국 국민에게 부를 안겨 줄 주요한 먹거리이기 때문이다.

2017년 불장은 국민과 국가 차원에서 부정적 관심을 가진 정도였다. 2021년 불장은 4차 산업혁명의 타당성과 블록체인의 신기술을 국민에게 알리며 전 세계적으로 비트코인에 긍정적 관심을 가진 해다.

대한민국은 천연자원이 부족하다. 그러나 인적자원이 풍부한 나라로 기술력이 최고인 나라다. 세계적인 IT 강국이다. 블록체인 신기술을 더욱 발전시킬 수 있는 기술력을 가진 강국이다. 2022년에 대한민국은 블록체인과 비트코인을 리드하는 강국이 될 것이다. 그것을 믿어 의심치 않는다.

05

비트코인을 보는 미국과 중국의 차이

법원에 가면 재판을 한다. 변호사 맞은편에 검사가 자리한다. 판사는 중앙에 앉아 양측 주장을 들어보고 판단을 내린다. 어떤 문제가 생기면 부정론이 있고 긍정론도 존재한다. 일방적인 주장을 듣고 판단을 내리면 오판할 가능성이 아주 크다. 우리가 판사가 되어 양쪽 의견을 들어보고 판단을 내리면 더 현명한 판단을 할 수 있을 것이다.

자기 사업을 하거나 자본을 투입해 자본이 일하게 하려면 위험성이 존재한다. 둘 다 제대로 준비하지 않으면 위험성이 크다. 부정적인 측면이 강하지 않으면 된다. 또한 긍정적인 측면만 보고 시작한다면 낭패를 볼 가능성이 커진다. 그래서 부정과 긍정을 잘 살펴 충분히 대비해도 늦지 않다고들 한다. 즉, 우리 스스로 판사가 되어 그 사실의 부정적 측면도 살펴서 대비하고, 긍정적 측면도 살펴서 준비한다면 제대로 된 판단을 할 수 있다. 심지어 미래 예측까지 가능해지는 것이다. 성공할 확률이 높아질 것이다.

현재 세계 최강대국은 미국이다. 미국은 자유 민주주의를 표방한다. 미국 화폐인 달러가 세계 기축통화다. 미국과 정치적, 경제적으로 대립하는 나라가 사회주의, 공산주의를 표방하는 중국이다. 군사적 대립까지 팽팽한 견제를 서로 하고 있다. 세계를 양분하는 미국과 중국이다. 그래서 우리는 양국이 비트코인을 어떻게 보고 있는지를 살펴봐야만 한다.

중국은 공산당이라는 집권세력이 통치하고 있다. 그들은 인민을 통치하기 위해 정치적, 경제적으로 독재를 더욱 공고히 하려고 한다. 그래서 돈의 흐름을 포착하고 그 돈을 통해 권력을 독점하려는 경향이 강하다. 모든 돈의 흐름을 공산당이 통제하고 알아야 하기 때문일 것이다. 중국은 페이가 일상화돼 있다. 그 대표 페이는 알리페이와 위챗페이다. 중국 민간기업이 운영한다. 공산당이 마음만 먹으면 페이 관련 민간기업을 통제할 수 있다.

그러나 비트코인은 차원이 다르다. 비트코인은 13년 동안 대부분 중국에서 힘을 키웠다. 처음에 중국 정부는 비트코인에 관심이 없었다. 가치가 없어서 주목 대상이 되지 않았다가 시간이 지나면서 비트코인 가치가 100만 원 정도 넘어가면서 주목했다. 비트코인이 가치를 가지면서 돈이 흐르는 것을 보고 탄압했다.

비트코인의 흐름은 알 수 있어도 누가 누구에게 보내는지 알 수 없는 익명 거래가 되고 있다는 것을 알았다. 국가가 통제할 수 없는 것이다. 그래서 없애려 했다. 수백, 수천만 번을 언론에 공표하며 불법인 것을 강조했다. 그러나 비트코인은 죽지 않고 살아났다. 다시 더 강하게 살아났다.

비트코인은 중국에서 더 강해진 역사가 있다. 중국 정부가 탄압하면 가격하락과 함께 관심을 받지 못했지만, 얼마 지나지 않아 또다시 고개를 들어 더 커나갔다. 비트코인은 주로 중국에서 계속 성숙하며 성장했다고 해도 과언이 아닐 것이다.

그래서 중국 정부는 대대적으로 2021년에 비트코인을 채굴하는 채굴회사를 불법으로 간주해 중국에서 철수하게 만들었다. 왜냐하면 비트코인 채굴회사는 민간 은행처럼 거래장부를 만들면서 비트코인 이체 수수료도 받고 그에 대한 보상으로 비트코인을 받는다. 국가 정부처럼 화폐를 발행하는 권한까지 있는 것을 알고 없애려 했다. 비트코인으로 이체하면 익명이라 자금의 흐름을 알 수 없기에 없애려 했다. 그런데도 죽지 않고 가격이 8,250만 원까지 가는 강력한 비트코인이 되고 있다.

중국 정부는 블록체인 사업은 러시아와 함께 발전시키고 비트코인은 죽이겠다고 한다. 블록체인을 그들이 모르고 있을까? 블록체인은 비트코인과 함께 가는 것을 알고 있을 것이다.

2022년부터 시작하는 세계 최초가 될 디지털 위안화 영향이 클 것이다. 디지털 위안화가 탄생하면 중국 정부는 모든 자금 내역을 통제할 수 있다. 비트코인이 방해돼 불법이라고 또 한 번 번복을 한 것이다. 수없는 번복의 역사를 가진 중국이다. 디지털 위안화가 원활히 돌아가서 비트코인의 구매를 디지털 위안화로만 가능하다고 하면 비트코인은 또다시 부활할 것이 확실시된다. 그리하면 중국 정부는 통제할 수 있을 거라 예상을 하는 것 같다.

한편 미국을 살펴보자. 자유 민주주의의 대표적 국가이며 최강대국이고 금융의 중심지인 미국이다. 중국이 비트코인 채굴회사를 불법으로 간주하자 미국은 발 빠르게 특혜를 주며 중국에 있는 채굴회사들이 미국의 각 주로 옮겨지고 있다.

그전에는 비트코인 채굴량의 약 70%를 중국이 차지했었다. 하지만 중국 정부가 불법으로 간주하면서 중국 내 비트코인 채굴량이 없어졌다. 반면 미국에서는 전 세계 비트코인 채굴량의 50%까지 치솟았다. 비트코인 채굴 중심지가 중국에서 미국으로 바뀐 것이다.

암호화폐 관련 전문가들은 이것을 기적이라고까지 표현했다. 왜냐하면 비트코인은 단순히 가격과 가치만 있는 것이 아니다. 채굴회사는 비트코인을 발행하는 발행 권력과 화폐 권력까지 있다. 그것이 미국으로 옮겨지니 예상하지 못한 일이 발생한 것이다.

미국은 전 세계 비트코인 채굴량 비중이 50% 정도 올라가자마자 바로 비트코인 선물 ETF(상장지수펀드) 상품을 2021년에 승인했다. 비트코인이 제도권 안으로 들어오는 첫발을 디뎠다. 절묘한 수순이다.

세계 금융의 중심지는 미국이다. 암호화폐를 미국의 제도권 안으로 들어오게 한 일등공신은 중국이다. 중국의 채굴장 불법 간주와 동시에 미국으로 대거 이동하는 채굴회사들의 움직임이 있었다.

2022년에는 비트코인 ETF 현물 상품이 미국 정부의 승인을 받을 것으로 확실시되고 있다. 이것이 통과되면 최강대국 미국의 금융 상품으로 공식적으로 인정받는 것이다. 완전히 제도권 안으로 비트코인이 들어오는 것이다.

이것을 예측한 영국, 호주, 캐나다 등에서는 비트코인 선물 현물 ETF 상품이 승인을 받아 합법적으로 운영되고 있다. 미국마저 승인한다면 비트코인 논란의 종지부는 끝날 것이다. 이미 미국 정부는 퇴직 연금 포트폴리오에 비트코인을 포함시켰다.

이렇듯 중국은 겉으로 보기에 모호한 정책을 펼치고 있다. 하지만 블록체인을 국가적 사업으로 해서 러시아와 연합을 할 정도다. 블록체인과 비트코인이 함께 가는 것을 아는 우리는 더 이상 흔들릴 이유가 없다. 일정한 시간이 흐르면 이때까지 그랬던 것처럼 비트코인은 중국에서 또한 번 강력하게 부활할 것이다.

미국은 적극적이다. 블록체인의 주도권을 가지기 위해 제도권 안으로 진행시키고 있다. 연방 국가인 미국의 각 주는 발 빠르게 움직이고 있다. 비트코인 채굴회사에 특혜를 주며 유치를 많이 하기 위해 노력하고 있다. 암호화폐를 기존 화폐처럼 활용하기 위해 결제 시스템을 준비하고 있다. 비트코인 ATM기 설치를 계속 늘리고 있다. 비트코인을 맡기고 대출도 해주는 주 은행도 탄생하고 있다.

중국은 비트코인에 대해 다소 모호한 행보를 보이고 있지만, 미국은 적극적으로 비트코인을 받아들이고 있다. 그렇다면 당신의 판단은 어떠한가?

06

자산 관점으로 비트코인 보기

"일 안 해도 재산이 늘어나면 부자
일 안 해도 재산이 그대로면 중산층
일 안 하면 재산이 줄어들 때 서민
일 해도 재산이 줄어들 때 빈곤층."

누군가 인터넷에 글을 올렸는데 많은 이들이 긍정한다. 우리는 어디에 속하는 것일까? 현대 사회는 자본주의 사회다. 자본이 사회를 돌아가게 하는 원동력이 된다. 일명 돈이 돌아야 살 수 있다고까지 한다. 일반적으로 부자라 하면 현대인들은 자산가를 말한다. 자산은 경제적 가치가 있는 유형, 무형의 재산이라 한다. 정신적 가치도 우리는 일명 자산이라고 가치를 부여하고 있다.

보는 관점에 따라 여러 분류로 자산을 나눌 수 있다. 크게 보면 보통 실물 자산과 금융 자산으로 나눈다. 실물 자산은 부동산, 금 등이 있다. 금융 자산은 주식, 채권, 신탁, 예금 등이 있다. 투자의 관점에서 보면, 안전 자산과 위험 자산으로 분류할 수 있다. 안전 자산으로는 대표적으로 금과 채권, 특히 국채가 있다. 위험 자산은 수익률이 보장이 안 된 투자 자산이다.

제도권 안에서 자산으로 인정받은 것은 자산으로 인해 경제적 이익이 발생하면 반드시 세금을 내야 한다. 법적으로 인정받을 때 자산으로 인정받는다. 다수에게 사회 통념상 인정받게 되는 것이 자산이라는 의미일 것이다.

비트코인이 처음 세상이 나왔을 때는 가치가 없었다. 자산으로서는 인정을 받지 못해 인터넷상의 숫자로만 존재했다. 극소수가 동호회처럼 그들끼리 네트워크를 연결하며 인터넷에 존재할 뿐 어떤 가치도 인정받지 못했다. 그러다가 그들 중 한 명이 2010년에 비트코인으로 피자를 주문해 교환가치를 처음 가지게 됐다. 비트코인 역사상 처음으로 가치를 인정받아 매년 5월 22일이 비트코인 피자데이라고 정해지기도 했다. 비트코인은 시간이 흐르면서 가격이 점차 올라갔다. 비트코인 한 개에 몇천만 원까지 시장 가격이 형성됐다.

돈이 흐르니 국가는 주목했다. 비트코인을 간섭하고 없애려고 했다. 하지만 그들이 원하는 대로는 되지 않았다. 이제는 인정할 수밖에 없다. 비트코인은 한곳에 머무르지 않고 전 세계 어디나 이동 가능하다. 그것을 안 국가들은 이제는 긍정적 관점에서 법적 규제안을 마련하고 있다. 세금까지 거두고 있다. 법적으로 비트코인을 자산으로 인정하기 시작했다.

비트코인은 총발행량이 2,100만 개 한정이다. 희소성이 있다는 것을 인지한 큰 자본가들의 자금도 몰려들고 있다. 실물 자산에서 무형의 자산인 비트코인으로 돈이 이동하고 있다. 더 많은 사람이 주목하고 있다. 그들은 시각에 따라 안전 자산, 불안전 자산, 각자의 잣대를 가지고 자산으로 인정하며 암호화폐 시장에 들어오고 있다. 세금도 내겠다고 규제안을 더 확실하게 만들라고 정부에 요구까지 하고 있다.

세상이 변하니 인터넷 숫자일 뿐인 비트코인을 자산으로 인정하고 있다. 실물 화폐도 냉정히 보면 종이 한 장일 뿐이다. 하지만 사회 구성원 간의 믿음과 신뢰로 인해 가치가 생겼다. 사회통념이 그것을 지지하니 교환가치가 생긴 것이다. 종이에 불과한 화폐를 교환수단으로 인정하고 있다. 비트코인도 마찬가지다. 처음은 인정하지 않았다. 그러나 사회 구성원들이 인정하니 가치가 생겼다. 그리고 끝없이 가치가 올라간다. 사회 구성원의 믿음과 신뢰가 있어서 그럴 것이다.

4차 산업혁명 시대는 기존의 자산개념을 뛰어넘어 블록체인 신기술이 필수적인 기술이다. 비트코인이 블록체인 신기술과 함께 하는 가치를 지녔다. 가치를 인정받는 것은 서로의 신뢰와 믿음이다. 신기술과 희소성이라는 가치를 더해 비트코인은 천문학적인 가격으로 끝도 없이 올라가고 있다.

아주 오랜 옛날에는 조개가 화폐처럼 쓰였다. 사회 구성원 간의 신뢰였다. 지금은 휴대하기 편한 종이 화폐로 발전했다. 실물 화폐인 종이 화폐를 사회 구성원들이 교환가치로 신뢰하며 사용하고 있다. 시대가 바뀌고 있다. 인터넷, 디지털 세상에서는 종이 화폐보다는 디지털 화폐의 필요성이 대두되고 있다. 각국은 자국의 디지털 화폐를 발행하기 위해 전담팀까지 꾸려 준비하고 계획하고 있다.

중국은 디지털 위안화를 세계 최초로 곧 상용화할 것이라 발표했다. 중국은 인터넷, 디지털 세상에서 디지털 위안화로 세계 패권을 잡아 보겠다는 의도가 강한 것 같다. 영국, 일본, 미국, 모든 선진국은 디지털 화폐로 이동 준비 중이다.

민간 암호화폐도 사회 구성원들이 신뢰하고 믿음을 가지고 통용되고 있다. 먼 나라 이야기가 아니다. 민간기업들은 결제 시스템을 암호화폐로 연동시키는 것을 발표했다. 일부는 사용하고 있다. 국가들마저 인정하고 대비 중이다. 이렇게 세상은 중앙 디지털 화폐와 민간 암호화폐가 연동하면서 변하고 있다. 그것은 서로에 대한 신뢰가 있기에 가능한 것이다.

이제는 시대가 바뀌고 있다. 비트코인은 희소성이 있고 투자 가치가 있다. 그리고 사용할 수 있는 가치가 있고 가치저장수단, 교환가치, 가치척도, 지불 수단이 되고 있다. 당당한 자산의 한 종류로 암호화폐가 새로이 인류에게 다가오고 있다.

이것을 눈치챈 이들은 다양한 암호화폐뿐 아니라 비트코인을 자산으로 인정하고, 포트폴리오의 한 종목으로 추가하고 있다. 시대적 변화를 알아차린 큰 자본과 국가 자금까지 비트코인으로 옮겨가고 있다. 희소성이 있고 자산 가치를 가진 비트코인의 가치를 알고 선점하기 위해 움직이고 있다.

노동해서 부를 이루는 방법도 있다. 그러나 현대인은 자산으로 부를 더 축적하고 싶어 한다. 대한민국에서 재테크는 일상이다. 예전에는 좁은 땅에 인구가 많아 한정적인 실물 부동산에 관심이 많은 부동산 자산 시장이 대세였다. 부동산은 부를 이룰 수 있는 확실한 수단이었다.

그러나 부동산 가격이 올라도 너무 올랐다는 여론이 강해지니 부동산 자산 관련 재테크는 주춤하고 있다. 사람들은 새로운 투자처를 찾고 있다. 기존의 투자처도 있지만 새로운 투자처 암호화폐 시장을 주목하고 있다.

하지만 암호화폐 관련 공부를 제대로 준비하면 알게 된다. 가격 변동성보다 4차 산업혁명에 필요한 인터넷, 디지털 세상으로 가기 위해 디지털 화폐가 꼭 필요하다. 그래서 민간 암호화폐 시장을 보기 시작했다. 처음에는 사람들이 위험하다고 관심을 두지 않았다. 그러나 국가마저도 인정하려는 움직임이다. 그래서 새로운 자산 시장인 암호화폐 시장에 진입하고 있다.

투자는 항상 위험성이 존재한다. 안전한 것을 누구나 원하지만, 안전하면 그만큼 수익성이 떨어진다. 투자 자산은 '로우리스크 로우리턴, 하이리스크 하이리턴'이라는 기댓값이 항상 존재한다. 지금까지는금을 안전 자산이라고 생각하며 여유가 있으면 금을 보유하는 시대였다.

거대 자본들도 금의 보유 비중이 높았다. 각국은 일정량의 금을 항상 보유하며 미래를 대비했다. 그런데 일부 거대 자금과 국가 자금이 금 보유 비중까지 낮추며 비트코인으로 자금이 이동하고 있다. 비트코인을 자산으로 인정하는 것이다. 지금은 시작이라 하지만 비트코인을 자산의 한 종류로 인정했기 때문에 자본이 이동하고 있다.

여러분은 시대의 변화에 구경만 할 것인가? 참여할 것인가?

07

비트코인 거시적 관점으로 이해하기

대한민국은 5,000년 역사와 전통을 가진 뿌리 깊은 나라다. 온갖 시련과 탄압이 있었지만 한 민족의 전통과 얼은 지금도 살아 있다. 몇십 년 전까지만 해도 전쟁 발생으로 나라 전체가 폐허가 됐다. 그러나 지금은 세계를 선도할 만큼 발전해 세계가 주목하는 나라가 됐다. 자랑스러운 대한민국이다. 이제는 후진국이 대한민국을 롤모델 삼아 우리나라를 방문해 새마을운동 등 우리 역사나 다양한 기술을 배워가고 있다.

전 세계를 리드하는 민족 중에 유대인을 꼽지만, 유대인 인지 심리학자들은 우리나라 사람들을 깊이 연구하고 있다. 유대인의 영향력이 미치지 않는 나라가 두 나라가 있는데, 그 두 나라가 우리나라와 북한이라는 연구 결과도 있다.

유대인 학자들이 20년 동안 연구해서 한국인의 특징을 알아냈다고 한다. 첫째는 세계에서 한국인이 가장 아이큐가 높다는 것이다. 둘째는 전 세계에서 제일 부지런하다는 것이다. 아픈 역사도 있었지만, 거시적으로 보면 선조들의 얼이 우리 몸 깊은 곳에 배어 있다. 이제는 세계를 선도할 만한 내공이 유구한 역사와 함께 잠재돼 있다는 것이 너무나 자랑스럽다.

이제는 좁은 대한민국이 아니라 세계를 향해 나아가야 한다. 몇 년 전부터는 대한민국의 문화를 알리는 한류 열풍이 세계를 강타하고 있다. 한류가 대세인 시대로 바뀌고 있다.

또한, 암호화폐 관련 관점도 바뀌고 있다. 2017년 준비 안 된 상태로 암호화폐가 다가왔다. 정부는 탄압했고 부정했다. 안타깝지만 한 번의 기회는 놓쳤다. 하지만 2022년은 다르다. 암호화폐 세금도 걷겠다고 했으니 제도권 안으로 들어오고 있다.

긍정적 관점과 부정적 관점이 상존할 수 있다. 하지만 지금도 늦지 않다. 대한민국은 조금 늦게 시작할지 몰라도 받아들이기 시작하면 세계를 리드할 저력을 분명히 가지고 있다. 역사와 전통이 그것을 증명한다. 그리했고 그리하고 있고 그리될 것이다. 거시적으로 봐도 5,000년 역사를 가진 우리는 한민족이기 때문이다.

미시적으로 보면 한국인은 손재주가 좋다고 한다. 젓가락으로 식사하는 것을 본 외국인들은 "예술이다. 서커스다"라고 할 정도로 칭찬한다. 그래서 그런지 몰라도 세계 각종 기술대회에 나가면 항상 높은 순위로 한국인이 입상한다.

모든 현상을 볼 때는 거시적 관점과 미시적 관점을 두루 살펴봐야 한다. 암호화폐의 최초는 13년 역사를 가진 비트코인이다. 그에 파생되어 다양한 코인들이 탄생하고 있다. 미시적으로 보면 비트코인은 총발행량 2,100만 개라는 희소성과 블록체인이라는 기술력을 언급할 수 있다. 비트코인 가격 또한 몇천만 원을 넘어가고 있다. 얼마 지나지 않아 비트코인 개당 가격이 1억 원도 넘어갈 기세다. 4차 산업혁명, 인터넷, 디지털 세상으로 가는 현재 사회와의 관계 또한 미시적으로 볼 수도 있다.

그리고 암호화폐를 대표하는 비트코인을 거시적 관점에서 알아봐야 한다. 인류의 역사는 화폐 역사와 함께 한다고 봐도 무방하다. 상품화폐, 금속화폐, 주조화폐, 본위화폐, 지금의 명목화폐로 변하는 화폐 변천사를 가지고 있다. 또한 시대가 변하면 반드시 새로운 형태의 화폐가 나오는 것은 당연하다.

디지털 인터넷 세상으로 세계가 변하고 있다. 변하는 시대에 맞춰 새로운 화폐의 탄생이 절실하다. 역사가 흐르면서 시대에 맞는 화폐 등장은 당연하다. 그래서 새로운 4차 산업혁명, 인터넷, 디지털 세상으로 변하는 시대는 새로운 디지털 화폐가 반드시 필요하다.

현재 전 세계가 인정하는 디지털 화폐는 비트코인이다. 민간 암호화폐 비트코인을 전 세계에서 주목하고, 열광하고 있다. 시대의 흐름을 먼저 알아차린 사람들은 암호화폐 시장에 진입하고 있다. 특히 그 대표 암호화폐인 비트코인에 더 관심 가지는 것은 당연하다.

4차 산업혁명 시대는 블록체인으로 인한 민간과 국가가 함께 하는 전 인류의 공유가 핵심 키워드다. 국가 권력만 가졌던 화폐 발행 권력을 민간이 함께 보유하는 역사상 처음 경험하는 현상이다. 그것이 싫어 13년 동안 특히 중앙권력은 비트코인을 없애려 했다. 하지만 더욱 강해지는 비트코인이었다. 2022년은 국가마저도 인정하고 있다. 이렇게 세상은 역사상 처음으로 국가와 민간이 함께 공존하는 화폐 권력을 나누고 있다. 이제 시작이다. 끝없는 공유의 경제가 인류의 발전과 편리를 위해 더욱 발전할 것이다. 블록체인이라는 신기술은 인류의 축복인 것이다. 그와 함상 함께 하는 비트코인이 우리를 응원하고 있다.

또한, 거시적 관점과 미시적 관점을 상호 관련해 꼭 살펴봐야 할 것이 있다.

비트코인은 블록체인을 통해 탄생한 총발행량이 2,100만 개다. 2140년까지 채굴되며 총 2,100만 개가 세상에 나오게 된다. 2022년 2월 현재 1,900만 개가 세상에 나와 있다. 2009년에는 10분당

50개, 하루에 7,200개가 채굴되어 세상 밖으로 나왔다. 2,100만 개 가운데 1,050만 개가 채굴된 2011년 11월에 10분당 25개, 하루에 3,600개가 나오는 반감기라는 것이 프로그래밍돼 있다. 약 4년 단위로 반감기라는 게 존재한다.

남은 총량의 절반이 채굴되면 보상이 계속 반으로 줄어드는 것이다. 2022년 현재 10분당 6.25개 하루에 900개 정도 보상이 이뤄지고 있다. 지금까지 3번의 반감기가 있었다. 대략 4년이 지나면 세상에 나오는 개수는 계속 줄어든다. 즉, 희소성이 있는 것이다. 2140년까지 채굴 보상이 이뤄지니 앞으로 몇십 번 더 반감기가 남아 있다. 지금 사는 사람은 2,100만 개가 다 나오는 것을 볼 수 있을까?

이른바 비트코인 전문가라고 자칭하는 사람들의 이야기를 듣고 너무나 큰 실망이 들었던 때가 있다. 2140년이 되면 비트코인이 사라질 것이라는 예측이었다. 비트코인이 세상 밖으로 나올 때 거래장부를 만든 대가로, 즉 블록체인을 만든 대가로 보상과 수수료를 받게 된다. 초기에는 거래가 거의 없으니 비트코인 보상은 많았고 수수료는 적었다.

하지만 시간이 지나면서 보상은 적고 거래가 많이 일어나 수수료가 많아지고 있다. 그래서 비트코인 채굴이 2,100만 개가 다 나와도 수수료가 있어서 거래장부를 만드는 것은 계속 이어질 것이다. 그는 그것을 무시한 전문가가 아닌 하수였다. 우리는 이것을 알아야 한다.

비트코인을 볼 때 미시적 관점도 중요하다. 또한, 거시적 관점도 중요하다. 무엇보다도 미시적 관점과 거시적 관점을 상호호환해 보는 것이 더 정확할 것이다.

미시적 관점으로 비트코인을 보면 가격과 실제 사용되는 모습이 보일 수도 있다. 거시적 관점에서 보면 인류의 발전과 편의를 위해 블록체인과 함께 가는 비트코인의 행보를 볼 수도 있다. 미시적 관점과 거시적 관점을 함께 보면, 비트코인은 대략 4년마다 반감기라는 것을 겪으며 그 가치와 희소성은 끝도 모르게 오르고 있다.

비트코인을 단순히 가격만 보지 말고 반드시 가치를 알아야 한다. 인류의 행복과 발전을 가능하게 하는 블록체인이라는 신기술은 비트코인과 항상 함께 간다는 것을.

08

글로벌 뉴스를 확인하라

코로나 시대다. 코로나로 인해 사회 모든 것이 바뀌고 있다. 경제 활동은 물론이고 개인 일상과 문화마저도 바뀌고 있다. 코로나로 인해 세계 곳곳이 몸살을 겪고 있다. 지구촌 시대라 국가별로 세상이 돌아가는 것이 아니다. 세계가 상호작용하면서 살고 있다. 동 시간에 모든 것이 반영돼 시차마저도 없어지고 있다. 우리는 예전에 가족이 중요했고, 지역이 중요했고, 나라가 중요했다. 하지만 지금 시대는 지구촌이라는 말이 더욱 실감되는 시대다. 우리는 하나다.

경제력 발전을 위해 공해가 심했던 시절도 있었다. 특히 대한민국은 급격한 산업발전으로 인해 공해 문제에 따른 환경 문제가 최고의 이슈였다. 하지만 이는 대한민국만의 문제는 아니다. 아름다운 지구 환경을 지키기 위해 세계적 오염의 주범인 탄소배출권까지 할당했다. 일정량 이상 나라별로 배출을 못 하게 했다. 남는 탄소배출권이 있다면 다른 나라에 팔고 있는 게 현실이다. 세계는 하나로 돌아가고 있다. 나라와 민족도 중요하다. 현재 세계는 글로벌화가 확실하게 됐다.

인터넷의 발달로 정보는 실시간으로 전 세계로 전해지고 있다. 정보를 취득하는 것이 중요한 것이 아니다. 너무 많은 정보로 인해 정보를 선별하는 능력을 키워야 하는 시대로 변하고 있다. 일반 생활을 할 때뿐 아니라, 특히 경제 활동을 하는 우리는 나라가 돌아가는 상황을 주시해야 한다. 세계가 어떻게 움직이는지 글로벌 뉴스를 반드시 확인해야 하는 시대가 온 것이다.

이제는 환율과 유가 변동이 나라별로 돌아가는 시대가 아니라 세계가 함께 움직이고 있다.

한 나라의 경제 타격은 즉시 다른 나라로 번진다. 특히 중국, 일본, 러시아, 북한에 둘러싸인 우리나라는 주변 영향을 빠르고 깊게 받는다. 세계 최강대국인 미국이 기침하면 우리나라는 감기에 걸린다는 말까지 있다. 그만큼 우리나라는 주변국과 세계 최강대국의 영향을 많이 받는 나라다. 그래서 빠른 정보와 그에 대처되는 방법들이 요구되고 있다. 하지만 대한민국은 잘했고 잘하고 있고 잘할 것이다.

국가별로 운영되는 주식 시장도 글로벌 경제 상황에 영향을 많이 받는다. 환율, 원유, 경제난, 전쟁, 자금이동 등 여러 가지를 참고하며 투자자들이 투자하고 있다.

암호화폐는 거래소마다 가격 차이는 조금씩 있다. 세계가 똑같은 상품으로 24시간 무휴로 365일 가격 제한 없이 운영되고 있다. 24시간 불야성이다. 나라마다 낮에는 거래량이 증가하며 밤에는 줄어든다. 하지만 24시간 쉼 없이 세계적으로 돌아가고 있다. 암호화폐로 진입한 초기는 새로운 세상이었다. 주식 시장은 하루에 대략 6시간 운영되고 휴장하는 날도 있다. 그래서 여유 시간이라도 생긴다. 그러나 암호화폐 시장은 24시간 365일 운영된다.

암호화폐 시장은 준비와 계획 없이 진입하면 건강까지 잃게 되는 위험한 시장이다. 1년 정도 경험 후 단기 매매보다는 가치에 투자하는 중장기 매매 관점으로 바꾸니 건강도 유지됐다. 나머지 시간은 취미 활동과 정보도 수집하는 여유로운 시간 분배가 가능해졌다. 연중무휴로 24시간 돌아가는 암호화폐 시장에서 살아남고 수익을 실현하기 위한 방법이 있다. 단기적 관점의 경제 지표와 현 상황을 참고하기보다는 장기 지표 및 과거 흐름과 미래 가치를 보도하는 글로벌 뉴스를 참고해 임하는 것이 좋다.

불황이 있으면 호황이 있다. 가격이 하락하면 언젠가는 가격이 상승한다. 또 상승하면 하락하는 것이 다반사다. 암호화폐 시장에서는 일희일비하면 안 된다. 평정심을 잃기 쉽고 결국은 냉정한 판단을 하지 못하고 '카더라' 통신에 당해 손해를 보는 개인 투자자들이 80%가 넘는다고 한다.

그래서 암호화폐 시장은 가격만 보는 것이 아니라 미래 가치도 봐야 한다. 글로벌 뉴스도 확인해야만 한다. 단기적 관점도 참고해야 하지만, 중장기적 관점의 뉴스를 항상 주시해야 한다. 재테크는 본인의 선택과 본인의 책임이 요구된다. 즉흥적인 구매, 충동구매는 결국 손해를 보게 되는 지름길이다. 제대로 준비해서 철저하고 계획적인 접근을 해야 적어도 손해가 나지 않는다. 즉흥적으로 수익이 생길 수도 있겠지만 결국 개인은 큰손과 거대 자본을 이기기는 힘들 것이다. 아니면 실력 좋고 인성 좋은 멘토를 찾는 게 지름길일 수도 있다.

암호화폐가 대중에게 폭발적인 관심을 받은 시기는 2017년 연말이다. 짧은 기간에 상상하지 못한 가격 상승으로 전 세계가 동시에 열광했다. 대한민국은 세계에 주목받는 암호화폐 중심 나라였다. 아쉽지만 정부의 부정적 판단으로 인해 암호화폐 선진국이 될 수 있었던 기회를 놓쳤다. 그리고 관심 밖으로 밀려났다.

세계 최강대국인 미국이 지금은 암호화폐를 선도하기 위해 노력 중이다. 채굴 관련 기업 유치를 위해 정부 차원에서 혜택을 준다. 법정 화폐로 쓰기 위해 법안을 상정한 몇 개 주도 있다. 소득세뿐 아니라 이런 식으로 가면 보유세도 걷을 심산이다. 그만큼 암호화폐와 그 대표인 비트코인에 주목하고 있다. 투자 회사들은 고객들의 요구에 따라 암호화폐를 투자 상품으로 당당히 만들고 있다.

엘살바도르는 국가 차원에서 법정 화폐로 비트코인을 지정해 사용하고 있다. 그래서 국가 차원에서 비트코인을 매집하고 있다. 베네수엘라는 국가 차원에서 비트코인을 채굴하고 있다. 대통령이 더 독려하고 있다. 이런 암호화폐 관련 다양한 내용은 해외 언론의 경제면을 살펴보면 부지기수로 보도되고 있다. 큰 부호들도 비트코인을 매집하기 시작했다. 비트코인을 반대하던 세계적으로 유명한 많은 교수와 경제인들도 잘못 알고 있었다고 사과했다. 그런 그들도 암호화폐 비트코인을 매집 중이다.

요즘은 경제 관련 뉴스와 번역을 위주로 하는 인터넷 경제 신문이 많다. 인터넷에서 클릭만 하면 다 알 수 있는 내용이다. 글로벌 뉴스 중 경제 관련 뉴스의 지면을 한번 살펴보라. 암호화폐 관련 비트코인 뉴스가 지면의 반을 차지하고 있다.

'코인코드, 블록인프레스, 블록미디어, 블록체인투데이, 인베스팅, 판뉴스, 코인니스, 코인리더스, 토큰포스트, 한국경제, 도시경제' 등 암호화폐 시장에 진입하기 전에 이 내용을 인터넷 검색 창에서 찾아본다면 도움이 될 것이다.

세계 역사는 전쟁과 평화를 반복하며 흘러왔다. 현대는 한 나라만 번영하고 한 나라만 퇴보하는 시대가 아니다. 세계가 함께 번영하고 발전하는 지구촌, 글로벌 시대로 변했다. 한민족인 대한민국도 외국인들이 점차 늘어나고 있다. 국경은 존재할지라도 분열에서 통합의 역사로 변하고 있다.

지금은 4차 산업혁명 시대다. 인류는 항상 그래왔듯이 더 발전하려고 노력 중이다. 더 발전할 것이다. 글로벌 시대를 사는 우리는 글로벌 정보를 알아야 한다. 편리한 인터넷의 발달로 언제든 어디서든 가능하다.

DECENTRALIZED · DIGITAL · BITCOIN · METALS

초보가 알아야 할 비트코인 투자 7가지 기술

01

생애 처음 비트코인 투자자의 기초 매뉴얼!

어떤 일이든 처음 경험하면 낯설고 서툴다. 이것은 당연하다. 초보자는 용어부터 낯설다. 생소한 단어가 나오면 설명을 듣거나 대화를 할 때 알아듣지 못하는 경우가 자주 있다. 그러나 계속 접하고 직접 행동으로 옮겨 보면서 시간이 지나면 어렵게 느껴지지 않고 자연스럽게 이해하게 된다.

우리가 생애 처음 암호화폐나 비트코인을 접할 때도 마찬가지다. 주변에 경험 많고 암호화폐 공부가 깊은 지인이 있다면 금상첨화겠지만, 잘 있는 일이 아니다. 그래서 인터넷이나 유튜브를 보며 멘토를 찾고 있는 현실이다. 운이 좋아 바로 멘토를 찾는 분들도 있지만 그렇지 못한 분들이 더 많을 것이다.

수익이 생기면 다행이지만, 손해라도 보면 세상에 믿을 사람 없다고 자책을 하며 암호화폐 시장을 떠나는 것을 종종 본다. 그래서 독학으로 책을 보며 공부하고 암호화폐 관련 인터넷카페를 활용하는 분도 있을 것이다. 투자는 본인 책임이며 철저히 준비하고 계획해 접근해야 수익도 수익이지만 큰 손실 없이 지속적인 재테크가 가능할 것이다.

내게 들려오는 암호화폐 관련 소식들은 그야말로 난전이다.

"코인이 곧 상장될 것이다."

"상장되면 10~100배 가격이 올라갈 것이다."

"비트코인을 능가해 세계적인 코인이 될 것이다."

특히 암호화폐를 생애 처음 접하는 분들은 조심하고, 또 조심해야 한다. 너무 많은 정보와 확실하지 않은 정보를 마치 잘된 것처럼 잘못 전하는 분이 많기 때문이다. 먼저 거래소에 상장된 것만 봐도 위험을 50% 이상 줄일 수 있다.

현재 우리나라에는 실명 인증된 거래소가 4곳 있다. 코인 거래량 순위로 본다면 업비트, 빗썸, 코인원, 코빗 거래소순으로 성업 중이다. 1위 거래소 업비트는 K뱅크와 실명계좌가 연동돼 있다. 빗썸, 코인원 거래소는 농협, 코빗 거래소는 신한은행과 실명계좌가 연동돼 있다. 각 거래소에 상장된 코인은 100개에서 270개 정도 상장돼 있다. 상장 코인 수는 계속 늘어가고 있다.

이 정도 코인만 보고 투자를 시작해도 괜찮다. '안전할 것이다. 상장될 거다'라는 말은 처음 암호화폐를 접하는 분은 무시해도 괜찮다. '이건 너무 위험하다. 상장될 거다'라는 코인 중 90% 이상 상장되지 않았고 사라져버린 코인을 많이 봤다. 그래서 나는 세계 거래소에 상장되지 않은 코인은 믿지 않는다. 위험이 너무 크기 때문이다. 상장되지도 않은 코인을 두고 '될 거다, 갈 거다'라는 정보는 암호화폐를 생애 처음 접하는 분들은 조심하기 바란다. 현재 상장된 코인만 봐도 충분하다.

코인 거래소는 세계적으로 보면 수천 군데가 넘는다. 나라마다 몇 개에서 수십 개 거래소가 있다. 다 가입할 수는 없지만, 전 세계 1위 거래소 바이낸스 거래소 정도는 가입해두면 좋다. 나도 우리나라 거래소 2곳 정도, 외국에 있는 바이낸스와 코인 베이스 거래소 2곳 정도는 가입해두고 있다. 바이낸스 거래소는 세계 거래소에 상장된 17,600개 코인 중 대략 2,000개 코인이 상장돼 있고 하루 거래량이 90조 원에 육박하는 세계 1등 거래소다. 외국 거래소 1~2곳은 가입해두면 편리하다. 우리나라 거래소에 없는 코인도 있기 때문이다.

적어도 암호화폐 관련 인터넷카페를 3곳 정도 가입해서 한 달 정도 알아보는 시간을 가져야 한다. 한군데 카페만 가입하면 정보가 한쪽으로 쏠리는 경향이 있다. 각 카페 관점이 있기 때문이다. 암호화폐 관련 인터넷 신문도 접해보자. 인터넷 신문 사이트를 검색해보면 코인코드, 토큰포스트 블록미디어 등 10곳 정도 인터넷 신문이 있다.

처음 접하는 분들은 판사 관점에서 검사 말도 들어보고 변호사 말도 들어보면서 정보를 이해하면 판단에 큰 도움이 된다. 일방적으로 한곳의 말만 믿으면 실패할 확률이 높아진다. 이것도 또한 위험을 줄이기 위한 좋은 방법이 될 것이다. 항상 의심하고 의심해야 한다. 돈만 눈에 들어오면, 판단력이 흐려지고 투자가 아니라 투기가 된다. 급한 마음에 물을 마시면 체하듯이 말이다. 가능한 단기적 관점이 아니라 중장기적인 관점에서 본다면 마음도 편해지고 견딜 수 있는 여유도 생기기 마련이다.

지속적인 공부와 확인하는 시간이 필요하다. 디지털 자산 관련 책을 읽든, 유명 블로그를 방문하든, 시간을 갖고 하루에 한 시간씩 공부한다는 마음으로 한 달 정도 지나면 보이기 시작할 것이다. 어떤 코인이 좋고, 코인 시장이 어떻게 흘러가는지 이해하게 될 것이기 때문이다. 남 말만 믿는다든지 성급한 마음은 절대 금물이다.

정말 처음으로 투자하고 싶다면 비트코인을 조금씩 조금씩 투자하는 방법을 권한다. 다른 암호화폐들보다 변동성이 적고 거래량이 많기에 해볼 만하다. 대출보다는 여유 자금으로 시작해보는 것이 좋다. 상한가, 하한가가 없는 암호화폐 시장이고, 24시간 암호화폐 거래소가 전 세계적으로 휴일 없이 돌아가기 때문에 위험성이 높다.

아직도 국민 90% 이상이 5,000원만 있어도 비트코인을 대략 0.0001개를 매수할 수 있다는 것을 모른다. 일단 투자하기로 마음먹으면 5,000원에서 만 원 정도 일단 매수해보라. 재미있을 것이다. 자연히 공부가 되고 관심이 생기게 된다. 뭐니 뭐니 해도 여유 자금으로 한다면 공부가 부족해도 견딜 수 있고, 일상생활에도 방해받지 않는다. 많은 수익을 단기간에 낸다는 생각보다는 중장기적으로 가지고 간다면 어느 정도 수익이 날 것이다. 비트코인은 13년간 우상향을 하고 있기 때문이다.

주변에 S여사라는 분이 계신다. 2017년에 여유 자금 1,000만 원을 비트코인에 투자했다. 당시 비트코인 가격이 개당 2,000만 원 했다. 비트코인 0.5개를 매수해서 370만 원까지 하락하는 것을 견뎠다. 2021년에 4,000만 원 할 때 매도해 3년 만에 1,000만 원 수익이 생겼다. "존경하고 축하합니다"라고 말씀드렸다. 그분은 "비트코인 가치를 아니 그냥 없는 셈치고 보유하고 있었을 뿐이다"라며 좋아하셨다. 그런데 수일 후 8,250만 원까지 갔다. 그분과 대화하니 비트코인뿐 아니라 다른 암호화폐 자산도 분산하셨다. S여사님은 욕심내지 않고 비트코인을 매도했다. 수익 실현 후 한턱내셨다. 함께 점심을 기쁜 마음으로 맛있게 먹었다.

이렇게 주위에는 비트코인으로 수익을 실현하신 분이 많다. 하지만 수익률만 생각하고 위험한 코인에 투자하신 분들은 계속 빚의 구렁텅이로 빠져들었다. 여기에서 헤어나지 못하는 분들도 있다. 그분들의 공통점은 급하고 주변 말만 믿었다. 가치보다는 가격에만, 여윳

돈이 아니라 급전을 이용하니 견디지 못하고 결국 마이너스가 나는 것이다. 심지어 없어지는 코인도 있었다.

생애 처음 접하는 분은 암호화폐 멘토가 곁에 있든지, 아니면 스스로 공부하는 시간이 어느 정도 필요하다. 그래서 암호화폐의 흐름과 가치를 정확히 알았을 때 시작하는 것이 좋다. 믿음이 없으면 안 하는 것이 맞다. 신뢰가 생기면 먼저 비트코인부터 첫발을 딛는 게 안전하다. 시간을 내어 공부하면서 세계 거래소에 상장된 코인을 천천히 알아보는 것이 좋다. 유망하고 가치 있는 암호화폐를 여유 자금 내에서 분산하며 천천히 모아가면 위험이 크게 낮아져 리스크 관리는 자동으로 된다. 이렇게 준비해 비트코인에 투자를 시작한다면 암호화폐의 발전을 지지하는 당당한 암호화폐 투자자가 될 것이다. 단기적인 관점보다는 장기적 관점으로 투자하며, 경험 많고 암호화폐의 가치를 정확히 아는 멘토를 꼭 두는 것이 좋다.

그리고 안전한 암호화폐 대형거래소에서 가격이 하락하면 조금 매수하고, 가격이 올라가면 기다린다. 그리고 가격이 하락하면 또 여유 자금 내에서 조금씩 분할 매수한다. 이렇게 여윳돈으로 임한다면 반드시 당신에게 수익을 안겨 줄 것이다. 왜냐하면 비트코인은 13년 동안 유유히 가격과 가치가 우상향하고 있고, 그 뒤에는 블록체인이 항상 함께 하기 때문이다.

02

여유 자금 내에서 포트폴리오 구성하기

이젠 코로나가 익숙해지고 있는 시절이다. 코로나 이전은 대도시 중심가는 불야성을 이뤘다. 특히 주말 같은 경우는 밤새 도심 중심가는 사람으로 북적북적했다. 코로나로 인한 영업시간 단축으로 갈 곳이 없어지자 사람들의 귀가 시간이 빨라졌다. 이제는 주말 저녁 도심마저 한산하고 조용하다. 사회 문화까지도 바뀌고 있다. 사람이 많이 모이는 극장가나 연극, 연주회, 사회적 모임들은 거의 취소가 되고 있다. 그와 반대로 모든 것이 인터넷 안으로 옮겨지고 있다. 넷플릭스(인터넷 영화관)가 사상 최고로 회원이 늘어나고, 유튜버들이 최고의 인기를 누리고 있다. 인터넷으로 하는 강의나 교육이 더 활성화되고 있다.

코로나로 인해 사회 현상이 다 바뀌고 있다. 인터넷상의 활동은 24시간 더 바빠지고 있다. 사람들은 각종 물건을 온라인 마켓에서 구매한다. 음식 배달도 인터넷이나 휴대폰 배달 앱을 통해 시켜 먹는 것이 일상화되고 있다. 배달 앱도 24시간 열려 있다. 그로 인해 택배 관련 일은 더 많은 인력이 진입하고 있다. 코로나로 인해 시간이 지날수록 기존의 산업이 기울어져가고 새로운 산업들이 새로운 기회로 다가온다. 위기가 곧 기회라 했던가! 위기 속에서도 기회는 존재하고, 발 빠르게 기회를 잡은 이들은 새로운 출발을 하고 있다.

코로나 이후 부동산, 주식 등 자산 시장이 폭등했다. 돈이 천문학적으로 풀렸기 때문이다. 조정 가능성이 우려되자 사람들은 새로운 투자처를 찾고 있다. 투자자들은 마땅히 투자처가 없어 깊은 고민과 함께 주춤하고 있다. 여유 자금이 생기면 당연히 투자처를 찾는다. 그러나 지금은 저금리 시대라 예금이나 적금으로 가면 손해인 듯한 생각이 든다. 현금을 보유하는 것은 물가가 이자보다 더 뛰니 상대적으로 손해다. 재테크 경험이 별로 없고, 금융 지식이 약한 분들은 도대체 무엇을 어떻게 해야 할지 답답한 마음을 갖게 된다. 변동성이 심한 투자처는 위험성이 존재해 기피한다. 하지만 여전히 투자처를 찾는 분들은 많다.

개인들도 많은 투자처를 찾는다. 재테크를 하기 위해서다. 여유 자금이 생기면 돈이 돈을 벌게 하려는 것이다. 부동산, 주식, 금, 은, 채권, 외환, 골동품, 연금에 미술품 재테크까지 등장했다. 아트테크는 요즘 인기 투자처다. 대부분 실물이 있는 투자처다.

개인들은 투자처를 찾을 때 항상 고민한다. 수익률과 위험성의 상관관계 때문이다. 안정적이면 수익률이 낮고, 위험성이 높으면 수익성도 높다. 수익성만 보고 투자할 경우 잘못하면 원금마저 다 잃어버릴 수 있기 때문이다. 위험성이 낮고 수익성도 높은 투자처를 찾으면 중박, 아니 대박이다. 하지만 어지간해서는 찾기가 어려운 것이 현실이다. 그래서 포트폴리오가 필요한 것이다. 몰빵 투자가 아닌 다양한 상품에 다양한 비율로 분산 투자를 하는 것이다.

포트폴리오를 계획하는 개인은 여유 자금으로 투자하며 안정적인 곳에 대부분 투자한다. 혹시나 해서 리스크가 높고, 수익성이 좋은 상품에 적은 비율로 투자하는 방식이다. 전문 투자 회사들과 국가 자금도 이런 식으로 투자한다. 투자자 입장은 일 원이라도 소중하다. 여유 자금 중 분산해서 리스크가 큰 상품에는 소액을 투자한다. 위험성이 존재하기 때문이다. 그러나 제대로 준비하고 분석해 선택을 잘하면 효도 역할을 할 경우도 가끔 있다. 즉, 개인의 여유 자금 내에서도 안전 자산과 위험 자산을 구분해 본인 상황에 맞는 다양한 포트폴리오가 반드시 필요하다.

투자를 전문으로 하는 투자 회사들이나 국가 자금으로 투자하는 연기금 투자처도 마찬가지다. 그들도 국내외 다양한 부동산, 국내외 다양한 주식, 채권, 금, 외환, 유가 등 다양한 투자처에 분산 투자해서 수익을 실현한다. 즉, 포트폴리오를 짜서 투자 시장에 진입한다. 부동산을 보더라도 땅부터 빌딩, 개발임야 등 다양한 곳에 투자를 분한하다. 주식도 종목을 여러 가지 선택해서 분산한다. 그 외 다양한 분산을 통해 중장기적으로 투자해서 수익을 실현한다.

호주, 미국, 캐나다, 영국 등의 연기금들도 마찬가지다. 하지만 그들은 암호화폐에 직간접적으로 투자를 시작했다. 암호화폐 거래소 관련 주식에도 투자한다. 암호화폐 관련 기업에도 직간접적으로 투자를 시작하고 있다. 연기금 책임자들은 암호화폐 보유 비중도 점차 늘리겠다고 발표했지만, 우리나라 연기금은 조용하다. 그러나 금융 선진국들은 투자 회사뿐 아니라 국가 자금마저도 암호화폐 시장에 들어오기 시작했다.

"미국 정부는 현재 테슬라의 두 배 이상인 40억 달러(약 4조 9,000억원)의 비트코인을 보유하고 있다."

흥미로운 점은 미국 정부의 BTC 보유액이 우크라이나(20억 1,000만 달러)와 테슬라(18억 6,000만 달러)의 두 배 이상이라는 점이다. 비트코인 보유액 기준으로 보면 미국 정부가 279억 3,000만 달러로 선두를 달리는 그레이스케일 비트코인 트러스트(GBTC)와 54억 3,000만 달러를 보유한 마이크로스트래티지를 뒤쫓고 있다.

출처 : 코인코드, 2022년 2월 10일

미국 정부마저도 비트코인을 보유하고 있다. 보유 비중이 늘어날 것이라는 보도다. 상황이 이러할진대 이제는 불안전 자산이 아닌 당당히 안전 자산으로 인정해가는 분위기다.

국가 자금이나 투자를 전문으로 하는 큰 기관들은 투자금을 한 상품에 투자하지 않는다. 다양한 투자처를 세계적으로 찾고 다양한 상품에 분산해 투자하고 있다. 현금은 계속 찍어내어 현금 가치는 하락하지만, 다양한 투자 상품들은 헤지 기능이 있다. 큰 기관들은 투자 상품을 주시하고 객관적으로 인정되면 분산하며 투자하는 것이다. 이제는 국가마저도 암호화폐 시장으로 진입하고 있다. 기류가 완전히 달라진 것이다.

개인들은 어떠한가? 현금을 가지고만 있으면 현금 가치가 하락한다. 유동성이 풍부해지면 현금 보유자는 오히려 손해다. 그래서 여유 자금이 생기면 투자처를 찾는다. 자산을 지키고 더 늘리려는 이유일 것이다. 안정적인 예금 적금도 있지만, 투자 수익성이 낮다. 물론 확실히 수익이 보장된 부동산이나 월세가 나오는 안정적인 투자처를 찾는다면 금상첨화다.

그러나 그 또한 너무나 올라버린 부동산 가격 때문에 마땅치 않다. 그래서 환금성이 좋은 주식 시장에 준비도 안 하고 들어가 대부분 손해를 본다. 특히 빚을 내어 주식 시장에 진입해서 패가망신하는 사람도 많다.

하지만 수익을 내는 투자자들은 주식 시장에서 여유 자금 중 일정 금액으로 대형 우량주를 분산 매수한다. 그리고 중장기적으로 투자하는 분들은 수익을 낸다고 한다. 즉, 여유로운 자금 내에서 다양한 종목에 분산 투자를 하는 직질한 포트폴리오는 결국 수익을 나게 한다. 주식은 재테크의 대표적인 방법이다. 재테크의 목적은 돈이 돈을 벌게 하려는 것 아닐까.

암호화폐 시장 또한 마찬가지다. 이제는 국가마저도 세금을 거두겠다고 하니 제도권 안으로 들어온 것이다. 개인들은 아직도 암호화폐가 안전 자산이라는 인식이 부족하다. 세계적인 투자 전문회사들과 많은 국가는 포트폴리오에 한 상품으로 암호화폐를 당당히 추가하고 있다. 총투자금에서 암호화폐에 투자하는 비율을 늘리겠다고 한다.

개인은 급하고 자금력이 약하다. 큰손들은 느긋하고 자금력이 풍부하다. 개인은 급한 돈이나 빚을 내면서까지 투자하면 안 된다. 개인의 여유 자금 내에서 소액이라도 암호화폐 시장의 다양한 코인에 포트폴리오 비율을 넣는 계획을 한다면 어떨까? 아니면 총포트폴리오 비율 중 적은 비율이라도 비트코인을 추가하는 것은 어떨까?

03

고래와 거대 투자 회사들의 포트폴리오 알기!

부자 옆에 있으면 부자가 된다는 말이 있다. 산삼 밭에 가야 산삼을 캘 수 있다. 부자는 돈의 흐름을 알고 어디로 돈이 가는지 안다. 그 길을 함께 가면 부자가 될 수 있다는 말일 것이다. 우리는 알고 싶어 한다. 부자가 어디에 돈을 투자하는지, 어떤 생각으로 사는지, 어떤 행동을 하는지 알 수 있다면! 따라 하면 나도 모르는 사이에 부자가 될 수 있다고 생각한다.

옛날 부자들은 논과 밭을 샀다. 근래에는 금이나 부동산 중 아파트, 상가 등으로 돈이 흘렀다고 한다. 세상이 바뀌니 새로운 투자처를 찾아 부자들 돈이 이동 중이다. 거품 경고로 인해 주춤하는 경제 상황이다 보니 새로운 투자처를 물색 중이다. 그중 하나가 새로운 상품이 탄생한 암호화폐 관련 투자처다. 부정과 탄압의 시대가 있었다. 하지만 성장을 위한 '성장통'이었다. 이제는 제도권 안으로 들어왔다.

요즘은 우리나라 암호화폐 거래소뿐 아니라 전 세계 거래소가 실명인증으로 바쁘다. 이전에는 암호화폐 관련 세금은 없었다. 그러나 각 정부가 세금을 걷겠다며 실명인증을 하지 않으면 불법이라 간주한다. 그래서 암호화폐 관련 업체들은 준비하느라 부산하다. 이제는 제도권 안으로 암호화폐가 들어온 것이다. 암호화폐로 수익을 내기 위해서는 우리는 먼저 거대자금의 흐름을 알아야 한다. 돈이 어디로 흐르고 있는지 알아야 한다. '알아야 면장이라도 하지!'라는 말도 있다.

암호화폐 관련 기업 중 마이크로스트래티지 기업과 그레이스케일 회사 두 곳은 반드시 알아야 할 기업으로, 고래이자 거대 투자 회사다.

마이크로스트래티지는 마이클 세일러(Michael Saylor)가 CEO로 있는 미국 암호화폐 전문 투자 신탁회사다. 마이클 세일러는 "비트코인이 인류의 가장 중요한 자산이자 발명품이다"라고 말했다. 비트코인을 예찬하는 긍정적 옹호론자다.

마이크로스트래티지는 비트코인을 2022년 2월 현재 12만 5,000개 정도 보유하며 평단가는 대략 3만 달러다. 마이트코스트래티지의 최대 주주는 세계 최대 자산운용사인 블랙록이다. 일정 자산을 비트코인 선물에도 투자하고 있다. 미국 투자 전문회사들은 어떤 형태로든 암호화폐 관련 기업에 직간접적으로 투자하기 시작했다.

마이클 세일러는 비트코인 가격 예측은 무한대로 갈 것이라고 트위터나 유튜브를 통해 밝히기도 했다. 마이클 세일러 개인도 상당량의 각종 암호화폐 및 비트코인을 소유했다고 말했다. 마이크로스트래티지는 비트코인 가격이 하락하든, 상승하든 지속적으로 비트코인을 매수 중이다. 그리고 회사를 담보로 해서 비트코인을 계속 매집 중이다. 또한, 비트코인을 담보로 매집 중이다.

그레이스케일은 미국에서 2013년에 설립된 암호화폐 신탁 펀드 투자 회사다. 베리 실버트(Barry Silbert)가 디지털커런시그룹을 창업했고 그레이스케일을 소유하고 있다. 세계 최대의 암호화폐 자산운용사로 약 70조가량을 운영하고 있다. 비트코인을 약 65만 개가량 보유하고 있고 암호화폐 펀드도 운영하는 고래이자 거대 투자 회사다.

그레이스케일은 다양한 암호화폐에 지속적으로 투자하고 있다. 비트코인에 약 70% 정도, 이더리움에 25% 이상 등 약 20가지 이상 코인을 포트폴리오로 보유 중이다. 또한, 각종 암호화폐를 분석하며 포트폴리오 추가 종목이 늘어나고 있다. 그레이스케일 또한 거대 자본 유입이 계속되고 있다. 천문학적인 자본 유입으로 다양한 암호화폐에 투자한다. 새로운 투자 코인을 찾고 있으며 다양한 암호화폐를 매집 중이다.

'마이크로스트래티지, 마이클 세일러, 그레이스케일, 베리 실버트,

디지털커런시'라는 단어에 우리는 익숙해져야 한다. 전 세계 암호화폐 시장을 점유하며, 그들이 움직이는 것만 봐도 흐름을 파악할 수 있다.

고성능 전기자동차 회사인 테슬라의 CEO는 일론 머스크(Elon Musk)다. 2021년에는 그의 한마디에 암호화폐 시장이 출렁거렸다. 전기자동차를 비트코인으로 결제하겠다 하니 비트코인이 폭등했다. 시간이 지나 다시 '보류 중, 검토 중'이라고 하니 폭락했다. 하지만 테슬라는 비트코인을 지금도 약 4만 3,000개를 보유 중이다. 테슬라는 전기자동차를 판 것보다 비트코인으로 수익이 더 났다는 보도도 있었다.

많은 유명인과 다른 많은 이들도 암호화폐에 대한 시각이 극단적 부정론에서 중간론자로 바뀌었다. 부정과 애매모호한 발언을 한 빌 게이츠, 워런버핏 마저도 암호화폐에 간접적으로 투자하고 있다. 불과 몇 년 사이에 모든 것이 변했다. 이제는 옹호하고 있다. 《부자 아빠 가난한 아빠》의 저자인 로버트 기요사키(Robert Kiyosaki)는 적극적으로 비트코인을 매수하라고까지 한다.

암호화폐는 거래소에 상장된 것만 봐도 17,600여 가지가 넘는 많은 코인이 있다. 고래들과 암호화폐를 투자하는 거대 투자 회사들은 한 가지 암호화폐를 포트폴리오 바구니에 담지 않는다. 다양한 코인을 분산한다. 절대적으로 높은 비중은 당연히 비트코인이다. 그다음은 이더리움이다. 그리고 시가 총액이 높은 것을 보고 거래량이 많은 것을 선택한다. 희소성도 참고한다. 그리고 탄생한 지 5년 이상 된 코인을 주로 선택한다. 그런 암호화폐를 포트폴리오로 구성하고 있다.

일반 개인 투자자를 '개미'라 한다. 우리는 고래와 거대 투자 회사를 이길 수 없다. 하지만 그들이 시작하는 포트폴리오를 참고해 진입한다면 적어도 큰 손해는 없을 것이다. 그들은 공통으로 말하고 있다. 아직 암호화폐 시장은 제대로 시작도 안 했다고 한다. 2022년부터가 본격적인 시작이라고 한다.

주위를 둘러보면 암호화폐로 돈을 번 사람도 있고 손해를 본 사람도 있다. 돈을 번 사람의 공통점을 보면 여유 자금 내에서 다양한 포트폴리오를 짜며 시간적 여유를 둔다. 자금이 투입되면서 수많은 가격등락 폭이 있었다. 그러나 암호화폐에 대한 믿음과 신뢰가 기본 바탕이 되어 일부분 수익을 실현하고 계속 보유 중이다.

손해를 본 분들의 공통점을 보면 가치가 아니라 가격만 본다. 단기간에 대박과 인생 역전을 노리며 급한 돈으로 투자한 분들이다. 결국 암호화폐 시장은 믿을 게 못 된다며 떠나갔다. 그러나 그들이 떠난 지 몇 년 되지 않은 시점에 가치가 있는 암호화폐는 반드시 그 가치를 인정받았다. 그리고 가격이 상상할 수 없을 만큼 상승했다. 손해를 본 그들은 기다리지 못했다고 공통으로 후회한다.

투자는 심리전이다. 가격은 우리가 원하는 대로 상승하지 않는다. 다수가 빠져나가면 그때를 기다린 듯이 암호화폐 시장은 요동쳤고, 앞으로도 그럴 것이다. 그래서 반드시 인내하는 시간이 필요하다. '밥도 뜸 들이는 시간이 필요하고 그래야 밥맛도 좋다'고들 하지 않는가!

고래들과 거대 투자 회사의 자금들이 암호화폐 쪽으로 움직이고 있다. 돈이 흐르는 곳에 부(富)가 있다고 했다. 이처럼 돈이 암호화폐 중 다양한 코인으로 분산하며 이동 중이다. 인터넷 디지털 세상으로 가는 우리도 이것을 알고 준비하면 단 얼마라도 더 부를 이룰 수 있는 새로운 시작점이 되지 않을까?

04

개인이 세력을 이길 수 없다

과거 10년 동안 주식 시장에서 재테크할 때가 생각난다. 여유 자금이 생겨 한 달 정도 공부하고 주식 시장에 진입했다. 그야말로 난전이었다. 점차 주식 투자 종목을 한 종목씩 늘려가니 하루에 10% 이상 뛰는 것도 있고, 10% 이상 마이너스 나는 주식도 있었다. 오로지 가격만 봤으니 큰 수익이 생기지 않았다. 시간이 지나면서 결국 마이너스가 커지고 있었다.

내가 사면 꼭 가격이 하락하고, 내가 팔면 꼭 상승하는 경우가 많았다. 마치 누군가 쳐다보는 것처럼 그랬다. 돈 벌러 들어갔다가 스트레스만 남는 일상인 재테크였다. 10년 동안 부업으로 주식을 했으니 많은 공부와 경험이 있었다.

주식 시장 경험과 공부한 시간이 5년 정도 지났다. '분할 매수를 해야 한다, 세력을 이길 수 없다, 달걀을 한 바구니에 담지 마라' 등등 주식 시장의 격언들이 마음속으로 다가왔다. 가치를 가지는 대기업 우량주에서 수익이 나고 다른 주식에서는 마이너스가 났다.

결론적으로 투자 원금 정도만 챙기고 나와버렸다. 그래도 다행히 투자 원금을 회수했으니 그에 만족했다. 조금만 주위를 둘러보면 많은 사람이 주식 시장에서 돈을 잃고 심지어 패가망신한 사람도 꽤 많다. 혼자 생각으로는 이만하면 감사하라고 주식 시장을 빠져나왔다.

주식 시장은 어떤 보이지 않는 세력들이 있는 것 같았다. 아무리 호재라도 가격은 내려가고, 악재가 터져도 며칠 후 언제 그랬냐는 듯이 가격이 전고점을 찌르는 경우를 많이 봤다. 개인은 확실한 정보를 알 수가 없다. 너무 많은 정보 홍수 속에서 어떤 정보가 진짜 정보인지 구별하기가 힘들다. 주식 시세 차트 공부도 몇 년 했다. 각종 지표는 과거 주식 가격은 맞추는 거 같았다. 그러나 미래는 항상 반반이었다. 그래서 마땅히 미래를 예측할 수 있는 수단이 없기에 주식 시장을 빠져나왔다. 물론 성격이 급한 면도 있었다.

세력들은 첫째 무기가 심리전이다. 개인은 웬만해서는 당할 수가 없다. 세력들은 확실한 계획과 큰 자금으로 주식 시장을 움직인다.

계획 없는 개인이나 특히 급한 돈으로 주식 시장에 들어온 개미들은 좋은 먹잇감이 된다. 주식 시장에서 15% 정도만 조금이라도 수익이 생기고 나머지 85% 정도는 손해를 보며 주식 시장이 돌아가고 있다.

현란한 기법을 가르치는 분도 많다. 하지만 결국 기업 가치를 확신하며 대형 우량주를 장기적으로 보유하는 장기 투자자가 더 큰 수익이 나고 있다. 현란한 투자 기법을 가르치는 그들은 투기가 아닌 여유 자금으로 투자한 장기 투자자들의 수익을 넘지 못한다. 개인은 몇 번 정도는 세력을 이길 수 있다. 그러나 잘난 체하다가 한 방에 훅 가버린다. 그래서 특히 주식 시장은 개인에게 위험하다.

그런데도 제대로 준비하지 않고 가격의 변동성, 그 화려함만 보고 주식 시장에 들어가는 경우가 많다. 한두 번은 수익 실현을 할지 몰라도 결국 마이너스가 되어 주식 시장을 떠나는 개인이 부지기수다. 나는 본전이라도 건졌으니 다행이고 감사한 일이다.

암호화폐 시장도 마찬가지다. 겉에서 보기에는 주식 시장과 같이 가격등락 폭 제한이 있는 것처럼 보이지만, 암호화폐 시장은 가격 제한 폭이 없어 더 매력적으로 다가온다. 암호화폐 시장을 자세히 들여다보면 주식 시장과 많은 점에서 성격이 다르다.

짧게 살펴보면 주식은 기업이라는 실물에 투자하는 것이고, 암호화폐는 인터넷상 숫자에 투자하는 것이다. 그리고 그 가치만 존재한다. 그래서 준비하고 계획하는 시간이 꼭 필요하다. 주식은 제도권이지만, 암호화폐 시장은 아직 제도권 밖이다. 주식은 일정 시간에 한 국가 내에서만 거래된다. 암호화폐 시장은 가격 제한 폭이 없이 세계적으로 24시간 연중무휴로 돌아가고 쉼이 없다.

여러 가지 다른 점이 있겠지만 앞에서 본 것과 같이 개인이 제대로 준비하고 계획이 없다면 세력을 이길 수가 없다. 그러나 세력을 이기는 방법이 아예 없는 것은 아니다. 우선 암호화폐 가치를 확실히 공부하고 가격만 보는 것이 아니라 그 코인의 내재 가치와 얼마나 역사를 가졌는지 살펴본다. 그리고 계획을 현실화하고 있는지 살펴만 보더라도 앞으로 미래 성장을 조금이나마 예측할 수 있다. 많은 기업이 해당 코인을 매수하는지와 하루 총거래량이 꾸준히 많은지도 알아봐야 할 것이다.

또한, 항상 자기 여유 자금 내에서 투자하고 분산한다. 세력들이 들어온 흔적이나 동향을 포착하며 홀로 사랑하지 않고 세력에 희생되지 않는다. 편승 정도만 해서 욕심부리지 않고 조금의 수익이라도 만족하는 것이 좋다. 큰 수익을 내려면 단기보다는 중장기 관점을 가져야 한다. 중장기 관점을 가지려면 당신이 스스로를 설득해야한다. 그 코인을 투자한 이유를 객관적으로 증빙자료를 보여주며, 상대편에게도 이해시킬 수 있을 때 매수해도 늦지 않다.

암호화폐의 대표주자인 비트코인과 이더리움을 보더라도 보유하고 있으면 일시적 가격하락은 있었지만 가격이 계속 상승 중이다. 암호화폐 시장에는 수많은 작전세력과 외국인 투자자, 기관 투자자가 존재한다. 전 세계가 24시간 휴일 없이 돌아가는 시장에서 개인이 세력을 이기는 것은 거의 불가능하다.

하지만 제대로 준비하고 계획하면 비길 수는 있고, 더 나아가 조금의 수익을 낼 수 있다. 확실하게 수익을 내는 방법 중 '존버(일명 버티기)'라는 것이 있다. 17,600개가 넘는 코인 중 우량 코인 10개 종목만 보유하더라도 장기적으로 보면 반드시 수익은 실현될 것이다. 비트코인이 그랬고 이더리움이 그랬다. 그 외 우수한 코인은 시간이 걸렸지만, 몇십 배 몇백 배 이상 수익을 낸 분들도 꽤 있을 것이다.

하지만 90% 이상은 준비와 계획이 없고 빚을 내면서까지 투자한다. 하락장이 길어질수록 손해가 커 결국 손해 보고 암호화폐 시장을 떠나버린다. 상승장에도 마이너스가 되는 사람이 80% 넘는다고 한다. 하락장에서도 돈을 버는 투자자들이 10% 이상 된다고 한다. 어떤 경우가 오더라도 분할 매수, 분할 매도의 원칙만 지킨다면 큰 손해는 없다 한다.

하지만 세력들은 이것을 가만두지 않는다. 특히 암호화폐 시장은 숨어 있는 악재가 많고 코인도 상장폐지 되는 경우가 종종 있다. 이렇게 공포감이 존재하는데 이것을 앞서 말한 방법대로 실행하면 마음이 평화롭고 무덤덤하게 받아들이는 고수가 될 수 있을 것이라고 예상해본다.

탐욕으로 한 방 매수와 몰빵 투자에 빚까지 내면 백전백패할 거라는 것을 다 알 것이다. 그렇게 하면 투자가 아니라 일명 투기다. 그래서 가격만 보지 말고 미래 가치를 보고 확신이 들 때 들어가도 늦지 않다. 개인 투자자들의 실패 원인은 99.7%가 잦은 매매로 인한 것이라는 설문 조사도 언론에 나온다. 투자가 일상인 대한민국에서 진정한 투자자의 내공이 생겼을 때 암호화폐 시장에 진입해도 된다.

2022년은 이 암호화폐 시장이 제도권 안으로 들어오는 원년이 되고 있다. 아직도 시간이 우리에게는 많다. 장기 투자자는 결국 승리자가 되어 극소수의 사람들이 큰 수익을 실현하고 있다.

주변에 이더리움을 20만 원대 500개를 매수해서 아직도 보유 중인 두 분이 있다. 그들은 가치에 대한 믿음과 경제적 여유가 있어서 지금까지 보유 중이다. 얼마인가? 2022년 2월 현재 이더리움 가격이 380만 원 정도 하니 19억 원 정도 된다. 1억 원을 투자해서 현재 18억 원의 수익을 내고 있다. 계속 보유할 것이라고 말한다.

이처럼 다수는 암호화폐 시장을 떠났지만 제대로 가치를 아는 소수는 큰 수익을 내고 있다. 개인은 단기적으로는 절대 세력을 이길 수 없다. 이기려고 했다가는 패가망신하는 모습들을 많이 봤을 것이다.

개인이 세력을 이기려면 제대로 공부하고, 철저하게 계획을 세워 여유 자금 내에서 포트폴리오를 짜야만 한다. 급해서는 안 되고 중장기적으로 강하게 마인드 컨트롤을 하면서 자신과의 싸움에서 이겨야 한다. 그래야 암호화폐 시장에서도 진정한 성공자가 될 것이다. 극소수는 이겨내고 있다. 자기 자신도 이기지 못하는데 세력을 감히 이길 수 있을까? 개인이 세력을 이길 수 있을 가능성은 작다. 하지만 극소수는 큰 수익을 실현한다. 극소수 당사자가 당신이 되기를 작은 사랑을 담아 진심으로 응원한다.

05

심리전에서 지지 않기

투자는 심리전이라고 말해도 과하지 않을 것이다. 재미있는 건 장사도 운전도 주식도 세상 모든 것이 사람의 심리를 기본으로 해서 발생한다는 것이다. 특히 암호화폐 시장에서 심리는 더욱 중요하다. 왜냐하면 실물이 없는 인터넷상의 숫자가 가치를 평가받아 가격이 정해진다. 또한, 가격이 제한 없이 심하게 요동친다. 하루에 10~20% 등락은 예사고 100% 이상 요동칠 때도 자주 있다.

심지어 사라지는 암호화폐도 많다. 이래서 잘못 발을 들여놓으면 24시간 시세표를 쳐다봐야 한다. 잠 못 이루는 밤이 무수히 많아진다. 그에 따라 피곤한 몸이 일상이 되면 판단력이 떨어지고 외부 영향도 쉽게 받는다. 본인도 모르게 암호화폐를 매수한다든지, 몽롱한 상태에서 외부 영향으로 인해 마음을 졸이다가 손절매해버리는 경우가 자주 발생하게 된다. 투자금조차 잃게 되는 경우도 있다. 안정적 심리가 되지 않고 들뜬 심리를 가지다 보면 실수를 많이 하게 되는 것이다. 게다가 암호화폐 시장은 세계적으로 24시간 가격등락이 제한 없는 연중무휴다. 전 세계 시장이 동시에 돌아간다는 것이다.

확실한 계획과 준비가 없으면 외부 언론에 의해 심리전에 당하기 쉽다. 그럼 암호화폐 시장에서 심리전에 지지 않기 위해 어떻게 해야 할까? 먼저 계획을 세우고 일단 믿음을 가졌으면 일상적인 생활을 충실하게 사는 것이 건강에도 이롭다.

구체적으로 살펴보자.

첫째는 장기적인 안목으로 비트코인을 바라보고 시장에 진입하거나 나가야 한다.

둘째는 믿음이다. 블록체인 신기술과 함께 하는 비트코인에 대한 절대적 신뢰다.

셋째는 암호화폐 중 한 종목만 투자하는 것이 아니라 시간도 분할하며 진입할 때는 분할 매수를 지키는 분산 투자를 한다.

넷째는 철저한 계획과 그것을 지켜내는 마인드 컨트롤이 중요하다. 즉, 심리를 강하게 하고 안정적 심리를 유지하는 것이다.

투자는 가치에 대한 믿음이다. 가격등락이나 변동성을 보지 말고 그 암호화폐의 가치에 대한 믿음이 굳건해야만 그 험한 파도를 이겨내고 당당히 수익을 실현할 수 있다.

주식 시장은 누구나 참여할 수 있는 시장으로 일반화됐다. 수많은 루머가 탄생하고 그 루머에 속아 손해를 보는 사람들이 부지기수다. 올바른 정보를 얻기 힘든 개미들은 정보의 파도 속에서 우왕좌왕한다.

하지만 정확한 가치를 알고 철저히 공부한 개미들은 그 험한 파도를 견디고 견뎌서 결국은 돈을 번다. 작은 수익을 가져간 개미들은 많을지 몰라도 큰 수익을 가져가는 개미들은 극소수다. 결국은 큰손이나 기관, 외인들에 의해 손해를 보는 것이다. 하지만 수익을 내는 개미들은 주로 장기적 관점에서 그 주식을 보유한다. 시간이 걸리지만 큰 수익을 내는 사람들이다.

나는 부업으로 경매를 병행하며 주식을 10년 정도 재테크했다. S전자 등 대표 우량주를 장기 보유해서 큰 수익을 얻었다. 일명 이슈 관련주나 작전주 등은 손해 봤으며 상장 폐지되는 종목도 있었다.

어머님 친구분은 아직도 S전자를 보유하고 계신다. 처음 매수할 때 한 주당 만 원 정도였는데 1,000주를 매수하셨다. S전자는 2018년 1주를 50주로 액면 분할했다. 그럼 5만 주가 된다. 그분은 S전자 주식 5만 주를 계속 보유 중이다.

그럼 얼마인가? 35억 원 상당의 가치를 가진 주식을 보유 중이다. 이처럼 350배 수익이 난 거다. 당시 우리나라 주식 시장에서 S전자는 제일 고가였다. 1주당 270만 원 정도 했다. S전자는 액면 분할하면서 주당 가격이 지금 현재 7만 원대다.

가끔 연락하는 기업 대표님이 계신다. 대표님이 차 한잔하자고 시간 편할 때 오라고 해서 그 기업을 방문했다. 암호화폐 관련 다양한 이야기를 했다. 이런 이야기를 전해주신다. 친구 중에 비트코인 20개 정도를 1억 원에 매수해서 아직도 보유 중이라고 말씀하셨다. "우와 부럽습니다. 언제 꼭 한번 뵈었으면 합니다"라고 하니 볼 수 없다고 한다. 무슨 문제 때문에 몇 년 전 감옥에 가 있다고 했다. 기분이 이상했다. 이런 이유로 큰 가격 변동 폭을 견딜 수 있었던 것이다.

그분은 1억 원을 비트코인에 투자해서 지금 현재 비트코인 가격이 5,000만 원 정도 하니 9억 원 이상의 수익이 생겼다. 암호화폐 시장은 단기적 관점보다는 장기적 관점으로 보면 무조건 수익이 생긴다. 비트코인의 가치는 13년 전에는 전혀 없었다. 일시적인 가격하락은 있었어도 결국은 끝을 모르고 우상향하고 있다. 일반적으로 암호화폐 시장은 외풍이 강하다. 외부 시장 압력을 개인은 견딜 수가 없다. 그래서 수익을 실현하기 위해서는 무엇보다도 강한 인내력과 강한 마인드 컨트롤이 필요하다.

나 또한 전업으로 암호화폐 관련 일을 하고 있다. 물론 트레이딩도 한다. 조금의 여윳돈으로 단기적 관점보다는 중장기적 관점에서 매수해서 일정 수익률이 생기면 매도한다. 생활에 피해가 가지 않게 암호화폐 시세는 하루에 몇 번 쳐다보지 않는다. 그래야 평정심을 잃지 않고 일상을 살 수 있기 때문이다. 처음 진입했을 때는 일상생활에서 시행착오를 겪었다. 하루 이틀 살 것도 아닌데 건강까지 해칠 수 있다는 것을 경험했다. 하지만 일정한 거리를 두며 생활하니 수익도 발생하고 건강도 유지하게 됐다. 무엇보다 암호화폐 가치와 앞으로 변할 세상에서 암호화폐에 대한 믿음이 있기 때문이다. 절대적 신뢰를 하게 된 블록체인이 있었기 때문에 가능한 것이다.

개인이 일시적으로 시장을 이길 수 있으나 지속적인 외풍을 계속 이겨내기는 힘들 것이다. 그래서 투자와 일상은 분리해야 한다. 그래야 우리는 암호화폐 시장에서 심리에 흔들리지 않고 그 어떤 외풍도 견뎌내고 이겨낼 수 있다. 인간 세상은 심리전이다. 암호화폐 시장에서는 심리전이 특히 심하다. 적어도 본인부터 강한 심리를 가지고 가치에 대한 확신을 가져야 한다. 철저히 준비하고 제대로 공부해서 진입했다면 심리전에서 지지 말아야 한다.

심리 전문가들은 심리전에 지지 않으려면 취미생활도 가지고, 규칙적인 운동습관을 지키고 욕심은 금물이라고 한다. 그에 더해 나는 생각한다. 투자와 생활을 분리하고 가끔 여행도 다니고 개인적인 사색의 시간도 자주 갖는 것이 필요하다고 생각한다. 또한 일방적 언론기사나 유튜브 내용을 믿지 않는다. 대한민국에는 비트코인이나 암호화폐 관련 전문가는 극소수다. 오로지 가격만 말할 뿐 진정한 가치를 아는 전문가는 거의 없기 때문이다.

06

가격에 투자하지 말고 가치에 투자하기

일반적으로 투자할 때 시간에 투자할 수도 있고, 사람에게 투자할 수도 있고, 어떤 상품에도 투자할 수 있다. 그렇다면 사람들은 왜 투자를 할까? 그 이유는 시간과 자본 투입을 해서 어쨌든 이익을 보기 위함이다. 그 이익은 정신적인 만족이 될 수 있고, 자본의 수익이 될 수 있다. 둘 다 만족이 되면 금상첨화일 것이고, 정말 투자를 잘했다는 생각을 할 것이다. 그럼 가격과 가치는 누가 정하는 것일까? 자본주의 사회에서는 기본 시장 경제 원리를 내세워 수요와 공급의 원리를 든다. 그래서 시장 가격이 정해지고 거래가 이뤄진다.

부동산의 가치는 주거와 상업 목적으로 가치가 있다. 인구가 빠져나갈 때 팔 사람이 많고 매수할 사람이 적으면 가격이 떨어진다. 부동산 가치가 떨어지니 가격 또한 하락한다. 주거 목적뿐 아니라 상업용 목적으로도 가치가 떨어진다.

하지만 재개발이나 관공서라도 이전하거나 지하철역이라도 들어온다고 발표 나면 가격이 뛴다. 부동산의 활용 가치와 그 지역의 발전 가능성이 커지니 그렇다. 빨리 되든, 늦게 되든 가치는 분명히 가격에 반영된다. 어떤 상품이든지 가치를 볼 수 있는 혜안이 있다면 반드시 어떤 형태로든 이익을 보기 마련이다.

주식 시장의 격언에도 나온다. 주식 할 때 가격에 투자하지 말고, 가치 투자를 하라고 한다. 그렇지만 처음 주식을 접하면 가격만 보이지, 초보인 사람은 내재적 가치를 알기는 어렵다.

비트코인 최고가는 8,250만 원으로 2021년에 최고점을 찍었다. 2022년 2월 현재, 5,000만 원을 넘어가고 있다. 단순히 보면 인터넷상의 숫자일 뿐이다. 그런데 엄청난 가격을 형성하고 있다. 가치란 보통 쓸모가 있느냐, 중요해지느냐에 따라 평가된다. 도대체 어떤 가치가 있길래 비트코인 가격이 끝도 없이 상승하고 있는 것일까?

일단 비트코인의 장점을 살펴보자.

첫째, 기존의 금융에서는 은행을 통해 현금을 송금하고 이체하지만, 비트코인은 중개자 없이 개인 간 직접거래가 가능하다.

둘째, 비트코인은 직거래가 되지만 은행과 같은 실명 거래가 아니라 개인 간 직거래로 개인정보를 밝히지 않아도 되어서 프라이버시가 보호된다.

셋째, 암호화폐 거래소가 아니라 개인 지갑에 보관하면 잃어버리지만 않는다면 해킹당할 염려가 없다.

넷째, 지갑 주소만 거래장부에 나오고, 어떤 개인정보를 다른 이들은 알 수 없는 익명 거래다.

다섯째, 각국에서 계속 찍어내서 가치가 하락할 수도 있는 법정 화폐와 달리 비트코인은 총발행량이 2,100만 개로 한정돼 있어서 인플레이션이 없고, 시간이 지나면 공급량이 줄어들어 오히려 더 희소성이 있어 가치가 올라간다.

여섯째, 국가들만 가졌던 화폐 발행 권력을 비트코인은 채굴기만 있으면 누구나 얻을 수 있어서 발행 권력까지 가질 수 있다.

이런 가치가 있기에 가격이 반영되는 것이다. 특히 4차 산업혁명에 필수 뿌리 기술인 블록체인의 가치는 무궁무진하다. 블록체인과 비트코인은 한 몸이라는 것에 가치가 반영되고 있다. 그리고 총발행량이 오직 2,100만 개라는 희소성의 가치가 있다. 이 두 가지의 확실한 비전과 가치가 반영되어 가격이 높이 올라가고 있다.

처음 암호화폐를 접할 때는 다양한 코인의 가격이 처음 보일 것이다. 각 코인은 내재 가치가 있기에 가격이 평가되고 형성돼 있다. 하지만 모든 코인의 내재 가치를 파악하기에는 시간이 필요하다. 가격만 보면 상하한가 제한이 없다. 호재라도 생기면 하루에 몇십 % 뛰는 것은 예사다. 악재가 있으면 심지어 상장폐지까지 된다.

그래서 암호화폐 시장에 진입할 때는 가격이 아니라, 가치를 충분히 검토하고 들어가도 될 것이다. 적어도 1세대 블록체인인 비트코인과 2세대 블록체인인 이더리움만 봐도 암호화폐 시장에서는 충분하다. 비트코인으로 암호화폐가 탄생했다면 이더리움이 한층 더 기술적으로 업데이트되면서 세상에 나왔다. 하지만 발행량이 제한이 없는 이더리움보다 비트코인은 총발행량이 2,100만 개라는 희소성이 있다. 비트코인은 암호화폐 시초라는 가치도 있어 가격이 더 높게 평가되고 있다.

비트코인의 가치와 비전을 모두 알게 되면 암호화폐로 돈을 버는 기회가 한순간 사라진다. 하지만 아직은 모르고 있다. 그 가치가 천천히 알려지고 있다. 그래서 아직은 기회가 있다. 가격이 아니라 가치가 무궁무진하기에 큰 자본들이 들어오고 있다. 비트코인 개수는 한정돼 있다. 무작정 계속 나올 수 없는 프로그램으로 돼 있다. 그리고 블록체인이라는 것이 든든하게 뒤에서 받치고 있다. 이러니 가치가 있어서 가격이 계속 상승 중이다. 그래서 가격 변동성에 투자하는 것이 아니라 코인의 가치에 투자해야 한다.

지인 중 비트코인 가치를 묻는 사람은 아무도 없었다. 오직 "비트코인 가격이 왜 올라가지? 아니면 왜 떨어지지?"만을 물어온다. 당연히 파는 사람이 많으면 가격은 하락하고, 매수하는 세력이 강하면 가격은 상승하게 되는 것이다. 장기적 관점에서 가치가 없는 것이면 결국 하락하고, 가치가 있는 것이면 결국 가격이 올라간다. 비트코인은 13년 동안 지속적으로 가격이 올라갔다.

한때는 거품이라고 했고, 사기라고 했으며, 사라질 것이라고도 했다. 하지만 그것을 비웃듯이 긍정론을 펼치는 사람들의 말을 들으며 가격은 끝도 없이 올라가고 있다.

현재 비트코인 긍정론자들은 또 한 번 예측한다. "향후 몇 년 안에 1억 원 갈 것이다. 몇 년 더 지나면 10억 원 갈 것이다. 10년 지나면 100억 원까지, 아니 무한대로 갈 것이다"라고 예측하고 있다. 그런데 상황은 이상하리만치 비트코인 긍정론자들의 말을 따라가는 것 같다. 비트코인은 가격이 잠시 주춤할 때는 있었지만, 결국은 가격이 계속 뛰고 있다.

그러므로 과거 어느 때보다 현재 시점이 비트코인 가격보다 가치에 주목해야 할 시기다. 투자할 때는 가격의 변동성을 주목한다. 가격이 많이 오를수록 돈을 더 벌기 위해 자본이 더 투입된다. 하지만 또 한 번의 가격하락이 올 수도 있고, 주춤할 수도 있을 것이다. 그러나 비트코인은 13년 동안 그랬던 것처럼 그 가치는 더욱 인정받을 것이다.

비트코인 가격보다 가치에 투자한다면 블록체인과 암호화폐 생태계를 발전시키는 역할도 하게 된다. 가격 변동성만 보지 말고 암호화폐의 미래와 비트코인 비전의 가치에 투자한다면, 부(富)는 자동으로 따라올 것이다. 4차 산업혁명으로 가기 위해서 꼭 필요한 블록체인과 비트코인이 함께 갈 수밖에 없는 가치가 있기 때문이다.

07

파는 것이 아니라 모으고 지키는 것이다

부산은 해운대 지역 아파트값이 제일 비싸다. 2021년에 몇 분과 코인 스터디를 끝내고 대화의 시간을 가졌다. 한 분 말씀이 현 주거지인해운대 아파트 가격이 4억 원에서 10억 원으로 가격이 뛰어 기분이 좋다고 한다. 산 가까이 위치해 공기도 좋고 조용하다고 한다. 그분은 아파트가 오래됐고 주거한 지 오래되어 살던 아파트를 팔고 싶어 했다. 교통이 좋은 해운대 중심가 새로운 아파트로 이사 계획을 세웠다 한다.

그런데 몇 군데 아파트를 알아보고 포기했다. 입지 조건이 좋은 다른 아파트는 15~20억 원을 호가하니 더 가격이 올라 이사를 포기했다고 한다. 함께 가격이 뛴 것이다. 아파트 가격이 뛰니 세금만 늘어났다고 푸념하신다. 주거용으로 한 채의 부동산을 보유한 것은 모든 물가가 뛸 때는 버는 것도 아닌 듯하다.

돈을 벌고 싶은 것은 누구나 원하는 바일 것이다. 투자할 때는 낮은 가격에 매수해 높은 가격에 매도해야 성공하는 것이다. 투자는 사고팔고의 연속이다. 낮게 매수해 높게 매도하면 수익이 생긴다.

주식 시장과 암호화폐 시장에서 개미들은 단시간에 큰 수익을 내고 싶어 한다. 투자를 통해 인생 역전을 해서 팔자까지 고치려고 뛰어들면 반드시 무리수를 둘 수밖에 없다. 수익이 날 때 탐욕에 눈이 먼다. 돈을 잃게 되면 공포로 인해 중심을 잡을 수 없게 된다.

그러면 샀다, 팔았다를 반복하게 된다. 이 사람 말을 들으면 이 말이 맞고, 저 사람 말을 들으면 저 말이 맞는 것 같다. 온통 가격등락만 보이고 하루에도 수십 번 천당과 지옥을 넘나들며 정신을 차릴 수 없게 된다. 돈을 번 성공한 사람들을 보며 부러워한다. 자기도 마치 그리될 듯 생각하며 처음에는 모르고 투자에 뛰어든다. 있는 돈 없는 돈 다 말아먹고 패가망신 직전까지 간다.

투자 성공자들은 산전, 수전, 수중전, 공중전까지 다 겪은 후에 투자에 도전해 손실을 만회하고 큰 부자가 됐다고 한다. 하지만 그들을 따라 한다고 다 버는 것은 아니다. 버는 이는 소수고, 다수는 손해를 보는 것이 다반사다. 자기 자본과 자기 성향에 맞는 투자 방법들이 존재하기 때문일 것이다. 아끼고 아껴 마련한 여유 자금으로 투자하게 되면 소액이라 시시하게 보인다. 그럼 무리하게 된다. 그럼 또 급해지면서 시장을 이기지 못하는 악순환이 된다. 투자를 통해 단기간에 돈을 벌려 하고 인생 역전까지 하려고 덤벼들면 필패하는 것이다. 준비 없고 계획 없는 투자는 탐욕으로 변한다. 그 탐욕이 외부의 작은 충격에도 공포로 돌변하게 된다. 탐욕과 공포의 감정을 극복하지 못하면 절대 시장을 이길 수 없다. 큰손들의 투자는 돈을 몇 배로 벌려는 것이 아니라 돈을 지키려는 것이다. 평생 다 쓰지도 못할 돈이다. 그 돈을 몇 배로 키우기 위해 '도 아니면 모 식'으로 매번 살얼음판같이 투자하지 않는다.

암호화폐 시장을 주식 시장처럼 접근하면 더 위험한 시장이 된다. 가격 제한도 없이 전 세계에서 24시간 돌아가니 단기적 매수·매도는 피를 말리게 된다. 단순히 사고파는 관점보다는 암호화폐를 디지털 세상으로 가는 시점에서 부동산처럼 보는 관점이 필요하다. 관점 변화는 힘들겠지만 한 번 관점이 바뀌면 투자 성향이 완전히 바뀐다.

생각해보자. 현실 생활을 하려면 주거용이든, 투자용이든 부동산 투자가 대세다. 가지고 있으면 무조건 가격이 올라간다. 하지만 그렇다고 부동산을 하루에도 몇 번을 계속 샀다, 팔았다 하는가? 1년에 몇십 번을 사고파는가? 아니다. 믿음이 있으니 그냥 몇 년, 몇십 년을 보유한다. 돈이 급하면 담보대출도 받을 수 있다.

가치 상승에 대한 확실한 믿음이다. 부동산을 계속 샀다, 팔았다

하는 사람이 돈을 많이 벌었는가? 지속적으로 보유하며 부동산을 매수한 사람이 부자가 됐는가? 부동산 대출을 받아서 급할 때는 어느 정도 현금 융통이 가능하기에 보유할 수 있었다.

암호화폐도 마찬가지다. 샀다 팔았다 한 사람보다 가치를 정확히 알고 선택해 지속해서 보유한 사람이 부자가 됐다. 1~2년 단기가 아니라 6~7년 중장기적으로 보유한 투자자들이다. 코인 매집을 꾸준히 해서 보유 수량을 불린 투자자들은 부자의 길로 들어서고 있다.

단기적 매매는 대부분 손실이 발생해 암호화폐 시장을 떠나는 이들이 80%가 넘는다고 한다. 하지만 10% 정도 중장기 투자자는 아직도 코인을 보유 중이다. 적게는 10배 이상, 많게는 100배 이상 가격이 뛰었다. 그래도 더 보유할 계획이라고 한다.

미국의 몇 군데 주립은행에 비트코인을 맡기면 이자를 주든지, 비트코인을 담보로 대출까지 해주는 서비스를 시작했다. 우리나라의 업비트 거래소도 이더리움을 맡기면 이자를 주는 서비스를 시작했다. 자주 매수·매도를 하는 것이 아닌, 개수를 더 늘려가는 방법들이 다양해지고 있다. 더군다나 급할 때는 코인을 담보로 대출까지 해주는 일명 '디파이' 상품이 2022년 암호화폐 시장의 키워드가 될 것이다.

이처럼 암호화폐는 다양한 상품이 출시 준비 중이다. 마치 부동산처럼 암호화폐의 활용 가치를 다양화하고 있다. 따라서 개인들도 단순히 사고팔고 할 것이 아니라 부동산처럼 중장기적인 투자로 암호화폐 수량을 늘려야 한다.

부동산은 고가다. 하지만 암호화폐는 소액으로도 구매할 수 있다. 큰돈을 한 번에 투자하면 위험하다. 천천히 시간을 두고 계획을 세워 수량 확보를 해가며 분산한다. 코인을 팔지 말고 모아 다양한 방법으로 지켜내면, 머지않은 시간에 더 많은 가치 상승과 동반해 가격 상승이 있을 것이다.

동갑내기 지인이 있다. 2017년에 처음 암호화폐를 접했을 때 비트코인을 100개 정도 보유했는데, 확실한 믿음이 없으니 계속 비트코인을 팔았다고 한다. 100개였던 비트코인이 2020년 초에 통화하니 하나도 없다고 했다. 2021년에 비트코인은 최고가 8,250만 원까지 갔다. 그는 비트코인을 지키지 못했다.

비트코인을 팔면 가격이 올라도 수량이 없어 수익을 낼 수 없다. 따라서 지금부터 모으고 지키면서 투자해 나가면 된다. 6년 전, 7년 전 암호화폐를 시작한 투자자는 디지털 자산가가 되어 부(富)를 이루고 있다. 지금이라도 시작하면 몇 년 후 우리도 부를 이룰 수 있는 자산가가 될 가능성이 크다. 단기적 관점에서 암호화폐 시장을 이길 수 없다. 운 좋게 단기적으로 한 번 정도는 이길 수도 있을 것이다. 그렇다고 개인이 매번 이길 수는 없다. 암호화폐 시장에서 한 번 실수는 영원히 회복할 수 없을 수도 있다. 베스트 셀러 《부자 아빠 가난한 아빠》의 저자인 로버트 기요사키는 틈만 나면 트위터를 통해 투자자들에게 말하고 있다. "급락에 대비하기 가장 적절한 시기는 급락하기 전이다. 역사상 최대의 하락장이 다가오고 있다. 좋은 소식은 부자가 되기 가장 좋은 시기가 하락장 때라는 것이다. 나쁜 소식은 다음 하락장은 길게 이어진다는 것이다. 당신이 할 수 있는 만큼 금, 은, 비트코인을 많이 사둬야 한다. 조심하길"이라고 했다.

특히 생애 처음 비트코인을 접한 초보는 이것을 알아두면 도움이 될 것이다.

첫째, 비트코인을 부동산과 같은 관점으로 본다.

둘째, 비트코인의 가격만 보는 것이 아니라 희소성과 가치를 가진 것으로 본다.

셋째, 비트코인을 중장기적인 관점으로 지켜본다.

비트코인 가격이 하락해도 사고, 상승하면 기다렸다 매수한다. 비트코인 가격이 하락하면 '바겐세일'이라고 생각하며 매수한다. 비트코인을 파는 것이 아니라 소액으로 계속 개수를 모은다. 그리고 개수를 지키며 보유한다.

가치를 지닌 비트코인은 과거에 그랬던 것처럼 또 한 번 상상 이상으로 가격이 올라가는 시점이 반드시 다시 올 것이다. 가치가 있다면 파는 것이 아니라 모으고 지켜야 한다. 반드시 또 한 번의 기회는 올 것이라고 믿기에.

DECENTRALIZED · DIGITAL
BITCOIN

PART 5

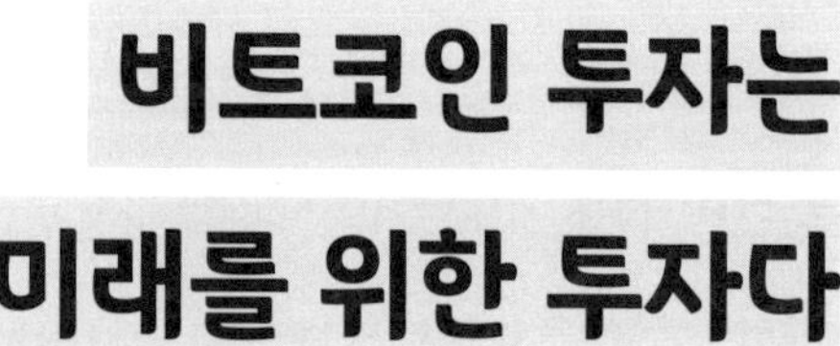
비트코인 투자는
미래를 위한 투자다

01

4차 산업혁명 블록체인과 비트코인

나는 초기 인터넷 세대다. 1991년부터 학교에 컴퓨터로 각종 자료를 만들어 제출했다. 인터넷 방(일명 PC방)이 곳곳에 우후죽순처럼 생기기 시작했다. 손으로 종종 편지를 쓰곤 했는데 편지를 보내면 빠르면 며칠, 또는 몇 달이 지나서 답장을 받아 봤다. 그러다가 컴퓨터 '메일'이라는 게 있다는 걸 알았다. 인터넷 편지를 쓰면 곧바로 답장을 받는 것을 경험하기 시작했다. 인터넷 검색 사이트를 방문해 각종 정보를 구하는 편리함도 있었다. 모든 것이 빨라졌고 정보도 쉽게 얻을 수 있었다.

하지만 부정적 의견도 있었다. 음란 사이트로 정신적 폐해를 말하며, 도박 사이트로 인한 경제적 손실도 언급했다. 하지만 도도한 인터넷의 힘은 그 누구도 막을 수 없었다. 현재 생활은 인터넷이 없으면 하루 생활이 어려울 정도로 그 중요성이 대단해졌다.

1차 산업혁명은 증기기관을 기초로 한 기계화로 세상을 편리하게 했다. 2차 산업혁명은 전기 에너지를 기초로 한 대량생산으로 인류를 풍족하게 했다. 3차 산업혁명은 컴퓨터 인터넷을 기초로 지식혁명의 각종 정보를 전 세계가 편리하게 공유하게 했다. 그런데 4차 산업혁명은 인터넷 속에도 새로운 세상이 존재한다. 가상의 인터넷 세상이 현실 세상으로 실현되는 세상으로 바뀌고 있다.

인터넷은 항상 보안이 문제였다. 나의 정보와 각종 정보에 접근해 조작과 해킹이 가능하다. 큰 위험이 있어 대기업과 각 국가는 인터넷 보안에 많은 비용을 들이는 것이 현실이다. 인터넷상에서 새로운 세상을 시작하려면 조작과 해킹, 즉 완벽한 보안 해결이 가장 큰 문제점이었다.

과학자들과 기술자들은 보안 문제를 해결할 기술을 찾고 있었다. 그러다가 우연히 비트코인 안에서 블록체인이라는 기술을 알게 된다. 알면 알수록 모두가 주목했다. 완벽하게 보안 문제를 해결할 수 있는 신기술이라는 것을 알기 시작했다. 블록체인이라는 신기술로 4차 산업혁명을 충분히 시작할 수 있다는 확신을 가지기 시작했다.

그와 함께 비트코인이 있었다. 처음에는 비트코인은 없애고 블록체인 기술만 활용하려고 했다. 하지만 시간이 지날수록 그런 성질의 기술이 아니라 블록체인과 비트코인은 함께 가야 한다는 것을 기술자들은 서서히 깨달았다. 각 국가는 그에 비해 늦게 알았다. 블록체인은 발전시키고 비트코인을 죽이기 위해 100만 번도 더 시도했지만 없어지지 않았다. 오히려 비트코인은 더 강해졌다. 민간의 봉기와도 같았다. 더 단단한 무쇠처럼 끊임없이 가치와 가격이 올라갔다.

블록체인과 비트코인을 받아들이기까지 13년이란 시간이 걸린 것이다. 블록체인이 없으면 인터넷 세상을 구현할 수가 없는 것을 깨달은 것이다. 세계적인 기업들이 블록체인 기술을 받아들이며 더 발전된 블록체인 기술이 나오고 있다.

블록체인 안에 그림과 동영상, 노래 등 수많은 것들이 들어가고 있다. 모든 것이 다 들어가고 있다. 이젠 가상세계에서 부동산까지 등장하고 있는 현실이다. 가상 부동산을 팔아 현금으로 바꿀 수 있다. 그것을 움직이는 근본은 비트코인이 있어 가능하다는 것을 이제는 깨달았다. 변화가 다양한 분야에서 동시다발적으로 일어나 상호융합한다는 것을 알아버린 것이다. 하지만 블록체인과 비트코인은 더 많은 꿈을 꾸며 인간 세상이 더 편리함으로 나아가기를 기다리고 있다. 인류가 더 발전하기를 바라는 것이다.

블록체인은 공유의 경제를 기본으로 한다. 정보나 부(富)를 공유하는 것이다. 비트코인은 인터넷 블록체인 세상에서 원활하게 발전하는 윤활유 역할을 한다. 이것을 알기까지 부정했지만 인정할 수밖에 없었다. 비트코인은 또다시 앞으로 전진하고 있다. 윤활유 역할을 전 세계적으로 하고 싶은 것이다. 자산, 가치 축척 수단과 교환, 지불 수단의 역할을 하게 되는 것을 바라고 있다. 그래서 부자들은 비트코인을 모으기 시작했다. 미래 가치를 확신하기 때문이다.

역사적으로 기축통화의 변천 과정을 보면 평균수명은 100년 정도였다. 1400년부터 포르투갈, 스페인, 네덜란드, 프랑스, 영국 화폐 등으로 이어지며 100년 정도 기축통화 역할을 했다. 지금은 미국이 최강대국으로 1921년부터 기축통화로 달러가 유통된 것도 올해가 벌써 102년째다.

세상은 어떻게 바뀔지 아무도 모른다. 미국의 달러가 기축통화로 사용된 것이 100년이 지나고 있다. 역사는 반복되므로 또 다른 기축통화가 나올 수도 있다. 그런데 이러한 상황에서 거대한 암호화폐가 나타났다. 바로 비트코인이다. 인터넷 세상에서만 존재하고 실물은 없다. 하지만 지금 비트코인 숫자 하나는 5,000만 원 이상의 가격과 가치 평가를 받고 있다.

전 세계 어떤 국가도 비트코인을 죽이지 못했다. 이제는 전 세계가 조금 조금씩 긍정하고 있다. 한 나라가 비트코인을 사용하지 못하게 한다고, 다른 국가가 사용하지 못하는 그런 성질이 아니다. 전 세계 어디를 가도 현금처럼 사용 가능한 것으로 점차 확대되고 있다.

비트코인은 이제 시작하고 있다. 세계를 넘나들며 지불, 교환수단으로 인정받고 있다. 화폐로서 인정받기 시작했다. 시간이 지난다면 전 세계 지불 수단의 기준과 표준이 되지 말란 법도 없을 것이다. 비트코인은 법정 화폐 및 기축통화를 꿈꾸며 나아가고 있다. 대립하는 국가 간에도 완충 작용을 할 수 있는 것이 또한 비트코인이다. 이는 인간의 손에 달려 있다.

불과 2~3년 전만 하더라도 부정과 사기, 거품이라는 이미지가 우세했다. 하지만 지금은 받아들이고, 더 발전시켜야 한다는 견해가 많다. 블록체인과 비트코인은 4차 산업혁명을 하기 위해서는 반드시 필요한 기술이자 화폐다. 둘은 항상 함께 갈 것이다. 만일 없어진다면 인터넷 세상이 끝나는 것이다. 그렇게 된다면 세상은 다시 원시시대로 돌아갈 것이다.

블록체인은 인간의 편리와 행복을 위해 점점 더 발전해가고 있다. 인터넷의 보안 문제를 완벽히 해결하며 전진하고 있다. 비트코인은 디지털 시대로 변하고 있는 4차 산업혁명의 필수품이다. 기존 화폐를 대신하면서 세계인이 공통으로 사용하는 화폐로 진화할 것이다. 이것이 블록체인과 비트코인이 있어야 하는 이유다. 역사는 증명하고 있다. 새로운 문물이 들어오면 혼란의 시기는 반드시 겪게 된다.

150여 년 전 조선은 신문물을 받아들이지 못하고 흥선 대원군이 쇄국정책을 펼쳤다. 안타깝지만 국력이 약해 주변국에 시달림을 많이 받았다. 하지만 '신문물을 활짝 열고 새로운 세상을 준비했으면 어떻게 됐을까?'라는 아쉬움이 남는다. 시간은 조금 걸렸지만 결국 조선은 신문화를 받아들이고 문명화되기 시작했다. 그래서 일반인도 새로운 문물이나 문화를 받아들이기 시작하면 급속하게 일상화되어 버린다.

블록체인과 비트코인은 사람들이 아직 생소해하고 이해하기 힘들어한다. 그러나 점점 우리 일상생활로 다가오고 있다. 비트코인과 블록체인은 항상 함께 한다. 우리가 알든 모르든 인간 세상이 편리해지고 공유 경제로 가는 길에 서로 응원하고 있다.

전 세계가 관심을 가지면서 인류의 새로운 창조물인 블록체인과 비트코인은 더 힘차고 강하게 전진하고 있다. 비트코인과 블록체인의 미래 가치를 세상은 이제 알기 시작했다. 4차 산업혁명 시대에 블록체인과 비트코인이 인류 문화의 편리성과 공유 경제를 위해 꼭 필요한 이유다.

02

의미 있는 숫자가 미래의 돈이다

초등학교 시절 딱지치기라는 놀이가 있었다. 추억이 있는 분들도 있을 것이다. 종이를 접고 접어서 딱지를 만들었다. 가위바위보를 한 뒤 본인 딱지를 땅에 놓인 상대편 딱지에 힘껏 던졌다. 그 딱지가 뒤집히면, 뒤집히게 한 사람이 딱지를 가져가는 게임이었다. 어린 시절 남자 초등학생에게는 일명 재산 1호였던 딱지였다.

종이에 불과한 딱지를 서로 가지기 위해 시간 가는 줄 모르고 놀았다. 많은 딱지를 가진 친구는 부러움의 대상이었다. 딱지를 만들기 싫어 용돈으로 딱지를 구매하는 친구도 있었다. 그런데 남학생에게는 돈과 같은 가치를 가졌지만, 여학생은 전혀 필요 없었다. 여학생들은 보통 딱지를 줘도 받지 않고 휴지통에 버리는 경우가 많았다. 딱지는 가치를 인정한 소수에게만 소중한 것이었다.

이처럼 가치는 상대에 따라 다르다. 상대편이 가치를 부여하고 가지고 싶으면 가격이 뛰고, 인정하지 않고 신뢰하지 않으면 휴지에 불과한 것이다. 본인에게 가치 있다고 꼭 상대방이 가치를 인정하는 것은 아니다. 상대가 가치가 없더라도 내가 가치를 부여하면 가치가 생기게 된다.

그래서 서로가 가치를 인정한다면 가격이 생긴다. 희소가치가 있다면 가격이 올라갈 것이다. 사회에서 경매가 그렇고 주식 시장, 암호화폐 시장 가격이 이렇게 형성되고 있다. 한 명이 인정 안 한다고 가치가 없는 것이 아니다. 다중이 인정하면 가치는 형성된다.

인터넷의 발달로 한때는 인터넷 고스톱 게임이 유행했다. 언제든 로그인해서 모르는 상대편과 고스톱을 칠 수 있었다. 고스톱 머니를 이용해서 게임을 했는데, 고스톱 머니는 그 안에서만 운영되는 숫자일 뿐이었다. 현금 가치는 전혀 없었다. 고스톱 머니는 의미 없는 숫자에 불과했다.

인터넷이 단순히 정보를 얻는 수단에서 시간이 지나면서 인터넷이 발전하며 인터넷 세상이 그 속에서 탄생하고 있다. 현실 세상처럼 인터넷 안의 공간이 생기고, 현실처럼 경제 활동을 인터넷 가상세계에서 할 수도 있다. 그 가상 공간들이 주목받고 더욱 발전하며 성장하고 있다.

앞서 말한것 처럼 비트란 인터넷상에서 숫자란 뜻이다. 비트코인이란 인터넷상의 숫자 돈이란 뜻이다. 13년 동안 많은 인터넷 숫자가 태어나고 사라지고 했다. 가치를 인정받지 못한 단순한 인터넷상의 숫자일 뿐이었다.

하지만 비트코인은 달랐다. 2009년에 인터넷상에서 탄생해 13년이라는 시간이 흘렀다. 없어질 듯하면서 최근에는 비트코인 개당 가격이 최고가 8,250만 원까지 평가받았다. 아직도 굳건하게 성장하고 있다. 왜일까? 왜 이렇게 인터넷 숫자가 천문학적으로 가치가 매겨지며 가격이 형성되고 있을까? 누구는 거품이라 했다. 그 누구는 사기라고까지 했다. 그러나 그 모든 것을 무시하며 비트코인은 가치와 가격이 끝 모르게 올라가고 있다.

단순히 생각하면 많은 이들이 가지고 싶어 하는 소유욕 때문일 것이다. 다중이 가치를 부여했기 때문이다. 수요가 많으니 가격이 올라갈 것이라는 생각이 들 수도 있다. 하지만 2022년부터는 다르다. 의미 있는 숫자 비트코인은 가치가 있다고 세계를 향해 당당히 외치고 있다.

4차 산업혁명 시대는 인터넷, 디지털 세상이다. 그 세상을 움직이기 위해서는 디지털 화폐가 필요했다. 그래서 디지털 화폐를 찾기 시작했는데 13년 전부터 존재했던 비트코인이 있었다.

그리고 인터넷, 디지털 세상을 완성하려면 인터넷 보안 문제가 해결이 되어야 했다. 비트코인과 함께 하는 블록체인이라는 기술이 이 보안 문제를 완벽하게 해결한 것이다. 블록체인과 함께 하는 비트코인은 이런 이유로 가치를 평가받게 됐다. 미래 가치가 무궁무진해서 상상할 수 없는 가격으로 상승하고 있다.

다수가 비트코인을 보유하고 싶어 한다. 그런데 비트코인 총개수는 2,100만 개뿐이라 희소성이 있다. 더 이상 개수를 찍어낼 수도 없고 만들어낼 수 없는 희소성이 있다. 그래서 다수가 비트코인을 보유하고 싶어 한다. 비트코인 가격은 계속 오르고 있다.

인터넷상에는 수많은 숫자가 존재한다. 디지털화된 게임머니, 페이 등 인터넷 숫자는 다양하다. 그러나 비트코인은 그 어떤 것과 비교되지 않는 가격을 형성하고 있다. 단순한 숫자라도 가치와 믿음을 기초로 높은 가격으로 형성되고 있다.

앞으로 미래는 더욱더 발전한 인터넷, 디지털 세상으로 변할 것이다. 그것을 운영하기 위해 실물 화폐가 필요한 것이 아니라 인터넷상에 필요한 디지털 화폐가 필요하다. 디지털 화폐는 반드시 있어야 한다. 그래서 각국은 디지털 화폐를 인터넷상에서 사용하기 위해 준비 중이다. 우리나라도 디지털 원화를 2023년에 실용화할 계획이다. 1차 테스트, 2차 테스트까지 완료한 상태다. 모든 것이 디지털화되고 있다.

하지만 각국의 디지털 화폐는 계속 찍어낼 수 있다. 디지털 화폐는 발행비용이 거의 들지 않고 마구 찍어낼 수도 있다. 그럼 국가 중앙 디지털 화폐는 가치가 떨어질 것이다. 그러나 비트코인은 그럴 수 없다. 그 누구도 2,100만 개 총개수를 더 이상 찍어낼 수 없다. 이것을 이해한 이들이 비트코인에 의미를 두고 매수한다. 희소가치까지 부여하니 가격이 올라가는 것이다.

미래의 세상은 지금과는 또 다를 것이다. 역사는 항상 변한다. 변하는 것이 당연한 게 역사다. 하지만 미래는 추측할 뿐 확실히 알 수가 없다. 그래서 긍정 예측론과 부정 예측론이 나온다. 항상 자기네 의견이 맞다고 주장하며 역사는 흘러갈 뿐이다.

미래는 인터넷, 디지털 세상으로 바뀔 것이라 양측이 공통으로 말하고 있다. 그래서 실물 화폐가 아닌 디지털 화폐가 반드시 사용될 것이라고 한다. 돈의 형태가 수많이 바뀌었듯 미래 세상에서 돈은 또 바뀔 가능성이 크다. 2022년에 세계 국가는 자국 화폐를 디지털화하는 작업으로 준비 중이다. 이제는 암호화폐가 민간에서 발행한 화폐 역할까지 하는 공유 경제학이 발전하고 있다. 곧 있을 미래는 국가의 중앙 디지털 화폐와 민간 디지털 화폐인 암호화폐가 공존하게 될 것이다.

그러면 어떤 화폐가 기축이 될지 궁금해진다. 기축이란 최강대국이 그 권리를 가졌었다. 영국이 그랬고 미국이 그러고 있다. 국가의 중앙 디지털 화폐와 민간의 암호화폐 디지털 화폐가 공존하게 되면 반드시 기준과 표준이 있어야 한다.

과연 달러가 계속 기축통화로서 그 역할을 유지할까? 아니면 역사가 증명하듯 기축통화가 변할까? 기축통화는 100년 단위로 변했다. 시대가 변하고 있다. 어떤 디지털 화폐가 기축이 될까? 민간 암호화폐일까? 중앙 디지털 화폐일까? 전 세계가 원하는 것이 기축 디지털 화폐가 될 것임은 분명하다.

2022년은 4차 산업혁명, 인터넷, 디지털 세상으로 본격적으로 진입할 것이다. 블록체인이 상식이 되어가며 비트코인이 더 주목받고 있다. 비트코인처럼 디지털화된 숫자는 다수에게 가치를 부여받고 있다. 가치를 인정받으니 가격이 뛰고 있다.

변화가 다가오는 디지털 시대는 디지털화된 숫자 중 의미가 부여된 숫자는 돈의 가치를 지닐 것이다. 돈의 역할을 반드시 할 것이다. 의미 있는 숫자 중 희소성이 있다면 가치는 높게 평가될 것이다. 공유 경제 세상으로 변하는 즈음이다. 블록체인과 함께 하는 의미 있는 디지털 숫자인 비트코인의 미래 향방이 주목된다.

03

부자들이 비트코인으로 이동하는 이유가 있다

부자란 어떤 것일까? 마음이 부자면 부자일까? 돈이 많으면 부자일까? 다양한 관점에서 생각해볼 수 있다. 돈도 많고 마음도 부자면 진짜 부자이지 않을까? 태어나 보니 부모님이 경제적으로 풍요로운 부자라서 부자로 사는 사람을 흔히 금수저라 한다. 대부분 부러워한다. 태어났는데 가난해서 가난하게 사는 사람을 흙수저라 한다. 삶이 고달파 힘들어한다. 하지만 3대 부자 없고 3대 가난뱅이가 없다고 했다. 부자들을 조사해보면 전체 부자의 70%는 자수성가한 부자라는 통계가 있다. 얼마든지 노력하면 부자의 삶으로 살아갈 수 있다. 누구나 부자를 꿈꿀 것이다. '사람 나고 돈 났지, 돈 나고 사람

나지는 않았지 않은가!'

그럼 부자들은 어떤 생각으로 살며 어떤 투자를 하며 살아가는 것일까? 부자들은 돈 냄새를 잘 맡는다고 한다. 돈을 사랑하니 돈이 들어오고 돈이 들어오니 돈이 부자를 사랑하는 것이다. 의식도 부자고 생활도 부자가 되어 더 부자가 되는 것이다. 흔히 작은 부자들은 주위에 많고 큰 부자들은 일반인이 만나기 힘들다.

내 주위에 정말 큰 부자 형님이 있고 친구가 있다. 금수저들이다. 금수저라고 다 부럽지 않지만 솔직하게 부러운 점도 있다. 그분들과 대화하면 부자로 태어난 사람은 재산을 지키는 쪽으로 생활하는 것을 알게 됐다. 지킬 것이 없는 다수는 부자가 되기 위해 일하고 부를 성취하기 위해 열심히 살고 있다.

부자 자산을 보면 대부분 부동산으로 몰리는 경향이 있다. 요즘 부동산 자산 가치 상승으로 2배 이상 부가 늘어났다. 카센터를 하는 친구는 몇 년 전 4억 원으로 영업장 부지를 매수했다. 최근 14억 원이나 호가한다고 한다. 부동산 10억 원 부자가 20억 원 부자, 100억 원 부자가 200억 원 부자가 된 경우 또한 많다. 코로나로 인해 현금을 마구 찍어내니 화폐 가치는 떨어지고 상대적으로 실물 자산 가격이 오르는 것이다. 하지만 보유세라는 세금 부담은 더 커지고 있다.

부자들은 세상 돌아가는 것을 지켜본다. 왜냐하면 자산을 지키고 더 부자가 되고 싶은 것이다. 비트코인을 자연스럽게 알기 시작했다.

처음에는 불안전 디지털 자산이었지만, 제도권으로 들어오는 모습을 보며 비트코인이 안전 자산으로 변하는 모습을 예의 주시하고 있다. 왜일까? 자산을 지키고 더 부자가 되고 싶은 것이다. 일부 부자들은 자신의 자산을 분산하기 위해 디지털 자산 중 가장 대표적인 비트코인에 주목하고 조금씩 진입하고 있다.

일론 머스크가 최고 경영자로 있는 전기 자동차 회사 테슬라는 비트코인 보유 비율을 계속 높이고 있다. 일론 머스크 본인도 개인적으로 다양한 암호화폐를 매수하고 있다. 특히 비트코인 광팬이다. 자주 번복하지만, 비트코인으로 전기 자동차 결제에 사용할 것이라고 말한다.

창업자 김정주가 있는 넥슨은 비트코인 1,717개를 약 7,000만 원에 매수했다. 현재 비트코인이 5,000만 원 정도 하니 300억 원 이상 손해 보고 있다. 그러나 계속 보유 중이다. 추후 더 매수할 것이란 말도 있다. 친비트코인 기업인 마이크로스트래티지는 총비트코인 보유량이 10만 개가 넘는다. 2022년 2월 2일에는 300억 원가량의 비트코인을 추가 매수했다. 60조가량 운영하는 세계 최대 암호화폐 자산운용사 그레이스케일은 지속적으로 비트코인을 매수하고 있다. 그건 무엇을 뜻하는가?

부자들은 비트코인에 간접적으로, 암호화폐 투자 전문회사에 신탁해서 더 수익을 내고 있다. 안전 자산으로 생각한 세계적 부자들이 비트코인으로 이동하고 있다. 단순히 사고팔고의 문제가 아닌 것이다. 왜 이렇게 부자들이 비트코인으로 직간접적으로 이동하는 것일까? 그들은 비트코인의 미래 가치를 확신했기 때문이다. 미래의 부도 가지고 싶고, 더 부자가 되기를 선택한 것이다. 세상의 흐름을 느낀 것이다. 비트코인의 미래를 확신한 것이다. 바이비트코인월드와이드(BuyBitcoinWorldwide) 사이트에 들어가 확인을 해보라. 수많은 부자가 비트코인으로 이동 중이다. 기업뿐 아니라 국가도 이동하는 것을 확인할 수 있을 것이다.

이제는 큰 부자들이 금을 팔아서 비트코인으로 옮기는 뉴스도 보게 된다. 현금을 보유하고 있지만, 국가는 계속 화폐를 찍어내니 현금 가치는 계속 떨어지게 된다. 그럼 현금 보유는 상대적으로 손해다. 그래서 헤지 기능으로 당당히 비트코인을 선택한 것이다. 당연히 비트코인을 투자 가치가 있는 자산으로 인정했기 때문이다. 금보다 비트코인이 헤지 상품으로 더 좋다는 것을 보여주는 것이다.

부동산은 보유세가 있지만, 비트코인은 아직 보유세가 없다. 그만큼 세금 부분에서 절세할 수 있기 때문이기도 하다. 과거에는 인정하지 않았지만, 비트코인으로 소득이 생기면 이제는 소득세를 국가에 내게 된다.

대한민국 정부는 2022년부터 암호화폐가 상속세와 증여세 부과 대상이 된다고 발표했다. 한국 정부는 2023년부터 암호화폐 소득세를 부과할 것이라고도 발표했다. 또한, 2023년 암호화폐로 소득이 생기면 2024년부터 소득세를 내야만 한다. 이렇게 흘러가면 언젠가는 조세 저항이 있겠지만, 부동산처럼 암호화폐도 보유세를 내라고 할지 모른다. 그래서 지금이 기회다.

비트코인은 개인 핸드폰이나 컴퓨터 및 휴대용 개인 지갑(일명 나노 지갑)에 보관할 수 있는 편리성이 있다. 시대는 변하고 있다. 기존에 실물 자산만 자산이라고 인정했다. 이제는 시대가 바뀌었다. 인터넷상 있는 소중하고 희소성이 있는 숫자도 자산으로 인정하기 시작했다. 이렇게 비트코인으로 부자들이 이동하고 있다.

하지만 아직 갈 길이 멀다. 부호들의 요구에 자산 운용사들이 비트코인으로 눈을 돌리기 시작한 것이다. 기업들의 자발적 의사보다는 부자들이 요구하고 있기 때문이다. 이제 시작이다. 큰돈들이 이제 첫발을 떼고 있다. 우리나라에 있는 업비트 거래소는 일정한 기간 동안 코인을 맡기면 코인으로 이자를 주는 디파이, 즉 탈중앙화 금융을 시작했다. 기존 대형은행들은 은행에 코인을 맡기면 비용을 받는 코인 수탁 사업을 시작했다.

디파이는 법이 제정되는 대로 시작할 만반의 준비를 하고 있다. 우리나라의 부자들도 법의 정비와 보호를 요구하고 있다. 미국의 많은 연기금도 관심을 가지고 준비하며 비트코인 비중을 늘리기 시작했다.

부자들은 세상을 보는 안목이 빠르고 기회를 잡기 위해 항상 정보를 주시하고 있다. 이제는 비트코인 가치를 깨달은 것이다. 전 세계 부자들이 한발 한발 들어오기 시작한 것이다. 자신의 돈을 비트코인이 지켜주며 더 부자가 될 가능성이 크기 때문이다. 우리에게도 아직 시간은 있다. 90% 이상이 비트코인의 진정한 가치를 아직 모르고 있다.

일반인이 모르고 있을 때 소수의 부자들이 암호화폐 쪽으로 이동하고 있다. 4차 산업혁명 시대에도 부자로 살고 싶은 것이다. 안전 자산이라 생각하고 자기의 자산을 암호화폐로 이동하고 있다. 암호화폐 중 대표인 비트코인으로 이동을 시작한 것이다.

04

비트코인으로 어떻게 부자가 될 것인가

어릴 때는 몰랐다. 세상이 내 뜻대로 되고 마냥 아름다운 세상이라고만 알았다.

살면서 실수와 실패도 있었고 좌절과 방황의 시간도 있었다. 하지만 20대를 넘어가며 내가 배우고 싶은 것을 마음껏 배우고 싶었다. 세계 어디라도 마음 놓고 가고 싶었다. 먹을 것을 마음대로 먹고 싶었다. 결국은 돈의 부족으로 하지 못할 때가 많았다. 그래서 돈을 벌고 싶었다.

내가 배우고 싶은 것을 마음껏 배우고, 가고 싶은 곳을 언제나 갈 수 있는 것은 일정한 돈이 해결해준다는 것을 알게 됐다. 돈이 모든 것을 해결하지는 못한다. 하지만 일정한 부분은 돈이 해결해줄 수 있다. 돈이 다는 아니지만, 돈은 살아가는 데 인간을 편리하게 만드는 수단이 된다는 것을 알았다.

물질 만능주의자는 아니지만, 돈은 반드시 필요한 도구는 분명하다. 심지어 '돈이 인격이다'라는 말을 일부분 수긍하게 되는 나이인 것도 같다. 그래서 다들 부자가 되고 싶어 할 수도 있다. 돈이 벌고 싶어 아르바이트도 하고 직장생활을 했고 장사도 사업도 했다. 항상 먹고살기에 빠듯한 생활이었다. 한 직장을 꾸준히 다니는 사람도 있지만, 나는 다양한 경험을 하면서 살아왔다.

장례지도사로 5년 동안 현장을 뛰면서 나의 가치관은 완전히 달라졌다. 자그마한 와인 좌식카페를 5년 운영하고 폐업했다. 그 후 장례지도사 일을 선택해서 120분 정도 고인의 마지막 길에 함께했다. 장례지도사 일을 할 때 경건하고 최선을 다해 마지막 가는 고인분들의 옷을 입혀 드렸다. 항상 마음속으로 좋은 곳에 가시라고 기원했다.

장례지도사 국가 자격증이 공식적으로 나온 날이 아버님이 돌아가신 날이다. 기다리신 듯하다. 아버님은 돌아가시지 않을 것만 같았다. 그러나 6개월 정도 요양병원에 계시면서 좋아지다 나빠지다 반복하시며 결국 돌아가신 날이 장례지도사 자격증이 나온 날이었다.

그날 결정장애까지 왔다. 아무 소리도 들리지 않고 아무 생각이 나지 않는 백지상태였다. 그 옆은 지도해주신 스승님이 지켜주셨다. 그래서 무사히 아버님 장례를 마칠 수 있었다. 그때 그 상황은 아직도 잊히지 않는다. 그게 나의 밑바탕이 되어 고인 가족들을 만날 때는 이해하면서 장례지도사 일을 했던 거 같다.

더 이해가 됐고 상주와 교감하기도 많이 했다. 함께 마음이 아팠으나 장례 관련 일은 진행해야 했다. 아버님이 돌아가신 날이 기억이나 유족들의 심정을 공감하는 마음으로 진행했다. 그래서 그런지 장례가 끝나면 대부분의 유족분들이 고맙다는 말씀을 해주셨다.

일의 의미는 좋았지만 나는 장례지도사로는 내가 원하는 부를 이룰 수 없다고 생각했다. 그래서 암호화폐 전업 투자자로 직업을 바꿨다. 처음은 이해하기 힘들었다. 부업으로 3년 하니 기초, 기본은 이해됐다. 전업한 지도 이제 3년이 지나간다.

암호화폐로 부자가 된 분들의 이야기를 직간접으로 많이 듣고 있다. 그들은 단지 나보다 먼저 이해했고 먼저 알아차렸을 뿐이다. 주춤할 때도 있었지만, 그들은 인내하고 기다리면서 보통 사람이 상상하지 못할 부를 이뤄가고 있다. 물론 나도 다른 어떤 일보다 돈을 벌었다. 더 부를 이룰 수 있는 수단이 확실히 된다는 것도 알게 됐다. 그래서 천천히 그들이 했던 것처럼 따라 하면서 부를 이루고 있다.

그들은 평범하고 오히려 보통 사람보다 더 가난했다. 단지 부를 이루고 싶은 소망이 너무나 간절하고 강력해서 부의 수단을 적극적으로 찾고 있었다. 먼저 알고 암호화폐 시장을 만나 부를 이루고 있다.

그럼 그들은 어떻게 암호화폐 시장에서 부를 이룬 것인가? 다수가 관심이 없을 때 그들은 시작했다. 돈이 없으니 차근차근 시작했다. 로또처럼 벼락부자가 된 것이 아니다. 자기 상황에 맞게 준비하고 계획하며 암호화폐 시장으로 들어왔다.

다들 가난했던 사람들이다. 여유 자금이라도 생기면 비트코인이나 이더리움 등을 모으기 시작했다. 역사가 있는 코인 중 확실한 코인을 선택했다. 일반인이 적금 들 듯이 조금씩 조금씩 코인의 개수를 늘렸다. 가격이 내리면 조금 사고 가격이 올라가면 조금 기다렸다가 또 조금씩 매수했다. 1년, 2년, 3년을 하니 개수가 모여졌다.

그런데 가격이 폭등한다. 일부분을 팔아서 현금화해서 분산한다. 그리고 또 여유 자금이 생기면 계속 분산과 분할 매수하면서 계속 개수를 모았다. 몇 년 동안 그랬던 것이다. 10개 종목 정도 분산 투자해서 1~2개 코인은 상장폐지 될 수도 있다. 분산한 다른 코인 8개가 상상할 수 없을 정도의 수익을 내어 10억 원, 100억 원대 부자들이 탄생한 것이다.

그들은 가치를 봤다 남이 모르고 부정할 때도 코인 개수를 모았다. 개인적인 확신이 있었기 때문이다. 그래서 6년 전, 7년 전 제대로 비트코인의 가치를 알고 개수를 아직 지키고 있는 소수는 부의 이동을 한 것이다. 지인 중 몇 분 있다. 그것을 지켜본 나도 공부하면서 3년 전부터 깨달은 것이다. 그들과 똑같이 모으고 있다. 분산하면서 계속 코인을 모으고 있다.

그럼 비트코인으로 어떻게 부자가 될 것인가? 투자는 믿음이고 신뢰다. 믿지 못하고 불신하면 안 하면 된다. 제대로 알고 준비해서 투자했으면 믿어야 한다. 그 믿음이 불씨가 되어 1년, 2년 시간이 지나면 블록체인의 가치와 그 가치를 표명하는 비트코인은 예상할 수 없는 가격으로 폭등하는 것이다. 역사가 증명한다. 이전 시대는 부동산 시장 시대였다. 부동산 가격이 폭등하니 부동산 자산가들이 많이 나왔다. 또한 주식 시장 시대였다. 소수지만 주식으로 부자들이 탄생했다.

지금은 4차 산업혁명 시대다. 블록체인과 코인 시대다. 코인 중 대표인 비트코인 시대다. 비트코인이 13년 동안 0원에서 8,000만 원 이상 가격이 올랐다. 폭발적으로 성장했다. 이것이 끝이 아니다. 이제부터가 본격적으로 시작이다. 비트코인 가치와 가격은 누구도 그 끝을 알 수 없다. 13년 동안 계속 우상향이다. 그래서 비트코인을 신뢰하고 믿음이 있다면 지금부터라도 개수를 모으기 시작하면 된다. 단기간에 모으고 부자가 되는 것이 아니다. 부를 이루려면 적어도 몇 년은 비트코인을 모으고 개수를 늘린다. 그렇게 하다 보면 가격폭등 시대가 반드시 올 것이다.

투자는 믿음과 인내다. 긍정적 미래 예측론자들은 비트코인 가치는 상상할 수 없다고 한다. 과거가 그랬던 것처럼 미래도 비슷할 것이라 한다. 비트코인 가치를 믿지 않으면 안 하면 된다. 확신하고 믿으면 지금부터 비트코인을 서서히 모으면 되는 것이다. 2022년은 4차 산업혁명의 초입이다. 블록체인 가치와 비트코인 가격은 아직도 저평가돼 있다고 한다. 그래서 우리에게는 아직 비트코인을 천천히 모을 기회가 있고, 부자가 될 기회가 있는 것이다.

누군가는 도전해서 인내하며 부를 이룬다.
누군가는 지켜만 보며 시간이 지나면 후회하기도 한다.
고대 그리스 철학자가 한 말이 생각난다.

"인내는 쓰다. 그러나 그 열매는 달다."

- 아리스토텔레스(Aristoteles)

05

세상은 부(富)가 이동 중이다

1년에 한 번 정도 경주 최부자 댁을 방문한다. 부자의 기라도 받고 싶어서일까? 아니면 그 정신을 배우고 싶어서일까? 새로운 곳에 방문해 마음을 다지고 열심히 살기 위함이다. 결론은 부자가 되고 싶어서다. 드라이브하면 기분도 상쾌해지고 주거하는 곳에서 편도 한 시간 정도이니 왔다 갔다 하면서 힐링도 된다.

취미로 풍수를 공부한 지도 몇 년이 지났다. 단순히 풍수 관련 인터넷카페 두 군데 정도 가입하고 눈팅 정도만 한다. 카페 주인장님께 가끔 안부를 전하는 정도다. 우리는 장소적 영향을 절대적으로 받고 있기에 풍수학이라는 학문이 존재한다.

어떤 사람을 만나면 기분 좋은 사람이 있다. 또한 어떤 장소에 가면 기분이 상쾌해지고 힘도 생기는 것을 느낄 때도 있다. 그래서 풍수학이 명맥을 유지하고, 아직도 현대인에게 관심을 받는 듯하다. 우울할 때나 생각이 복잡하고, 힘들 때 기분 전환으로 새로운 장소에 가서 사색하며 힐링하는 것도 새로운 힘이 샘솟는다.

조선 시대 만석꾼 집안인 경주 최부자 댁을 알아보자. 동서고금을 통해 수많은 부자가 있었다. 하지만 경주 최부자처럼 300년이라는 오랜 세월 동안 변함없이 사람들의 칭송과 존경을 받는 경우는 없었다. 왜일까? 경주 최부자 댁의 가훈을 보면 알 수 있다.

1. 절대 진사 이상의 벼슬은 하지 말라.
높은 벼슬에 올랐다가 세파에 휘말려 집안에 화를 당할 수 있다.

2. 재산은 1년에 1만 석 이상을 모으지 말라.
지나친 욕심은 화를 부른다. 1만 석 이상의 재산은 이웃과 사회에 환원한다.

3. 나그네를 후하게 대접하라.
누가 와도 넉넉히 대접해 푸근한 마음을 갖게 한 후 보냈다.

4. 흉년에는 남의 논밭을 매입하지 말라.
흉년에 먹을 것이 없어서 남들이 싼값에 내놓은 논밭을 사서 그들을 원통하게 해서는 안 된다.

5. 가문에 며느리들이 시집오면 3년 동안 무명옷을 입혀라.
내가 어려움을 알아야 다른 사람의 고통을 헤아릴 수 있다.

6. 사방 100리 안에 굶어 죽는 사람이 없게 하라.
특히 흉년에는 양식을 풀어 이웃에 굶는 사람이 없게 하라.

- 출처 : 전진문, 《경주 최 부잣집 300년 富의 비밀》, 민음인, 2010 인용.

이렇듯 부를 이루는 것도 중요하지만, 그 부를 이뤄 나누는 것도 중요하다. 대한민국의 진정한 노블레스(Noblesse, 고귀한 신분), 오블리주(Oblige, 책임이 있다) 최부잣집이다. 부도 중요하지만 높은 사회 계층의 사회적 도덕적 의무도 중요하다. 역사적으로 경주 최부잣집은 대한민국을 대표하는 노블레스 오블리주를 실천한 집안이다. 하지만 시대의 영향으로 그 부와 시대 명맥은 그 이상을 지탱하지 못했다.

부(富)도 이동하는 것이다.

옛날에는 논과 밭이 부의 상징이었다. 시대가 변하니 상가나 아파트가 부의 상징이 됐다. 그러다가 IT 관련 산업으로 부를 이루기 시작했다.

4차 산업혁명이 오니 부가 또 이동 중이다. 암호화폐로 말이다. 단순히 보면 인터넷상에서만 존재하는 숫자이지만 가치는 서로의 신뢰와 믿음으로 탄생하듯이 부가 암호화폐로 이동 중이다. 그래서 새로운 곳에서 부자들이 탄생한다. 그것도 옛날과는 비교되지 않게 짧은 시간에 부자가 되고 있다. 로또나 졸부가 아니라면 보통 부자가 되기 위해 몇백 년, 몇십 년 시간이 걸렸다. 하지만 4차 산업혁명의 시대는 빨라졌다. 5~10년 정도면 부를 이룰 수 있는 수단이 생겼다.

비트코인이 나온 지 13년 역사를 가지고 있다. 처음에는 믿음과 가치가 없어 0원이었다. 2021년에는 8,250만 원까지 최고점을 찍고 2022년 2월 현재 5,000만 원을 넘어가고 있다. 13년 만에 5,000만 배의 가격 상승과 가치 상승이었다.

암호화폐는 인터넷상의 숫자가 일반 사람들에게 믿음과 신뢰를 주며 폭발적으로 성장했다. 그런데 왜 더 많은 사람이 몰리는 것일까? 믿음과 신뢰, 즉 확신이 드니 몰리는 것이다. 또한 부자가 되고 싶은 것이다. 돈을 더 벌고 싶고 부자는 더 부자가 되고 싶은 것이다. 끝을 알 수 없는 가격과 가치가 상승 중이다.

비트코인 및 암호화폐들은 블루오션 상품이다. 아직도 90% 이상은 그 가치를 잘 모른다. 가격에 열광하는 것이다. 상상하지 못한 가격 상승으로 사람들의 주목을 받아 수요가 많아지니 시장 경제 원리를 간단히 비교해도 가격이 폭발적으로 상승 중이다. 아직 제대로 시작도 하지 않았는데도 말이다. 블록체인의 신기술은 인류 발전과 번영을 위해 꼭 필요한 기술이다. 비트코인이 상품 가치를 가지면서 전 세계인을 향해 부를 이룰 수 있는 수단이 될 수도 있다는 것을 증명하고 있다.

누군가는 암호화폐로 패가망신했고, 누군가는 비트코인으로 부자가 되고 있다. 암호화폐로 부를 이루고 있는 사람들은 가격만 본 것이 아니라 가치를 본 것이다. 블록체인과 비트코인의 가치는 활용하기에 따라 무한정의 가치를 가지고 있기 때문이다. 하지만 암호화폐를 대표하는 비트코인의 개수는 한정적이다. 그런 희소성의 가치를 안 부를 이루고 싶은 사람과 부자들이 더 부자가 되기 위해 암호화폐로 부가 이동 중이다.

시대가 변하면서 신흥부자들이 새롭게 탄생했다. 1차, 2차 산업혁명이 그랬고, 3차 산업혁명인 인터넷 산업에서도 그랬다. 이제는 4차 산업혁명 시대인 블록체인 시대다. 블록체인은 비트코인과 함께 간다. 또 한 번 부를 이룰 기회가 다가온 것이다. 그래서 더 많은 이들이 부를 이루기 위해 암호화폐로 이동 중이며 그 대표인 비트코인에 열광하고 있다.

언제나 그랬듯이 역사는 변한다. 순간적인 퇴보와 주춤하는 시간이 짧을지라도 반드시 발전하면서 역사는 변하고 있다. 변하고 또 변화하는 것이 역사다. 시대의 흐름을 알아채고 자연스럽게 이동한 사람은 변화와 함께 부를 이뤘다.

시대의 변화에 맞춰 새로운 산업은 활황이다. 코로나로 인한 기존의 산업은 점차 몰락하고 있다. 많은 거리의 자영업자들은 새로운 사업으로 이동 중이다. 도심마저 임대와 빈 점포들이 늘어나고 있다.

하지만 새로운 블루오션을 찾아 시대의 변화에 순응하는 사람들은 새로운 부를 이루고 있다. 인터넷 관련 산업이 그렇고, 유튜브 관련 산업이 그렇고, 블록체인 산업이 그렇다. 대한민국 정부에서도 신성장 동력을 블록체인 관련 산업에서 찾고 있다. 세계 국가들도 새로운 먹거리를 블록체인에서 찾는다.

블록체인과 함께 하는 암호화폐의 등장은 4차 산업혁명을 완성 시킬 수 있는 필수적인 시대적 임무다. 세상은 이곳에 더 관심을 가지며 주목하고 있다. 부가 있기에 기존에 부를 이룬 방식에서 블록체인과 암호화폐로 이동 중인 것이다. 그래서 세상은 부가 이동 중이다.

이것을 아는 우리는 시대의 흐름을 알아채고 편승할 수 있다. 그럼 적어도 10년 안에 더 부유해질 수 있을 것이고 더 부자가 될 것이다. 대한민국뿐 아니라 전 세계를 대표하는 경주 최부자 댁처럼 노블레스 오블리주한 부자가 되어보면 어떠할까?

06

부자와 빈자는 종이 한 장 차이이다

당신은 부자가 되고 싶은가? 빈자가 되고 싶은가? 누구나 빈자보다 부자가 되고 싶어 하는 것은 당연하다. 그럼 똑같이 세상에 태어났는데 누구는 왜 부자가 되고, 누구는 왜 빈자가 되는 것일까? 태어났을 때 부자면 우리는 금수저라 하고 태어났을 때 가난하면 일명 흙수저라 한다. 하지만 죽을 때까지 흙수저가 흙수저로 살아가란 법은 없지 않은가!

나는 30년 이상 공직에 계셨던 아버님 덕택에 풍족하지 않았지만 배는 굶지 않고 삼시 세끼를 잘 챙겨 먹었다. 지금 생각해도 항상 감사하다. 남들처럼 중고등학교를 졸업하고, 4년제 대학을 마쳤다. 평범한 대한민국 국민으로 그저 빠듯하게 먹고살았다.

꿈과 희망은 오로지 직장에서 성공하는 것으로 생각했다. 진급하면서 연봉은 조금 올랐지만, 경제적 자유를 누리지 못한 직장인이었다. 그것도 감사할 따름이다. 집중하고 최선을 다한 직장생활이지만 경제적 여유는 나아지지 않았다. 30대 직장생활은 다양한 분을 만나고, 특히 부자를 만나면서 부자가 되고 싶었다.

그들의 경제적 여유로움이 부러웠다. 하지만 현실은 월급을 받아도, 그 돈은 나의 돈이 되지 않고, 스쳐 지나갔다. '시간이 지난다고 경제적 자유를 누릴 수 있을까?'라는 의문이 들면 스트레스였다.

3년 정도 직장생활을 해도 모이는 돈은 거의 없었다. 큰 씀씀이도 없고 명품이나 비싼 것을 구매하지 않는 생활인데도 돈은 모이지 않았다. 이래선 안 되겠다 싶어 부동산 경매, 주식 등 다양한 재테크를 알아보기 시작했다. 경제적 여유를 가지고 싶어서였다. 하지만 현실은 녹록지 않았고 쳇바퀴 돌 듯 하루하루 평범한 일상이었다. 연봉은 꽤 많았지만 나가는 돈이 만만치 않았다. 일반 샐러리맨들의 비애일 것이다.

그래서 부자들은 어떻게 생활하고, 어떤 의식으로 살아가는지, 어떻게 부를 이뤄냈는지, 너무도 알고 싶었다. 부자가 되고 싶었다. 실화를 바탕으로 한 도서를 여러 권 구매해 책을 읽어봤다. 마음 부자도 부자지만, 경제적 부자가 되고 싶었다. 10권 이상 책을 읽어보니 공통점이 있다는 것을 알게 됐다.

부자들은 미래를 위해 준비하고 계획하며 대중이 꼭 필요한 것을 제공하는 의식을 가졌고 시대 흐름을 정확히 간파해 행동을 최우선으로 실행했다. 빈자들은 과거 탓하고 다른 사람 탓하고, '하겠나? 되겠나?' 계속 부정적인 생각만 하고 자기 욕심만 내는 실행이 거의 없는 사람이라는 공통점을 알기 시작했다. 그 후로 정보가 오면 준비하며 투자도 해보고 공부도 해보고 '일단 들이대, 일단 부딪혀 보자!'라는 생각이 들어 실행을 최우선으로 했다.

그러나 내공이 약하고 사회경험이 부족했던지라 많은 시행착오를 겪기도 했다. 예기치 못한 퇴사, 그 후 장례지도사, 보험 자산관리 설계사 카페 운영 등 굴하지 않고 도전과 도전을 했다. 부자가 되고 싶었다. '실패는 없다. 단지 다양한 경험이 나의 내공이 된다'라는 말을 마음속으로 수없이 되새기며 위기와 시행착오를 경험했다.

그러면서 내 자신이 시대의 흐름을 놓치고 있다는 것을 발견했다. 다시 재정비하는 40대를 보내면서 우연히 암호화폐, 비트코인을 접하게 됐다. 가격보다 시대 흐름을 공부하고, 분석하며 서서히 앞이 보이기 시작했다. 수동적인 복권에서 내가 직접 번호를 선택하는 로또 복권으로 세상이 바뀌는 것, 가장 가까운 현장에서 경험한 것이 내게 큰 도움이 됐다.

시대 흐름은 한 사람이 부정한다고 거스르지 않는다. 대세는 흘러

가는 것이다. 유유히 흐르는 큰 강의 흐름은 그 누구도 막을 수 없다. 블록체인과 비트코인이 그런 것이다. 4차 산업혁명, 꼭 필요한 기술 블록체인, 그리고 비트코인의 미래가 다가오고 있다.

얼마 전 TV에서 본 내용이다. 어업을 하는 선장 중에서 고수는 고기가 모이는 곳을 찾아 항해하며 고기를 잡는다. 더 고수인 선장은 고기가 오는 목에 자리를 차지하고 그물을 쳐서 기다려 고기를 잡는다. 고기를 찾아다니는 선장은 만선을 자주 하지는 못했다. 그렇지만 목을 기다리고 고기를 잡은 선장은 거의 다 만선으로 입항했다는 다큐멘터리를 본 것이 기억이 난다.

이처럼 우리도 따라가는 것이 아니라 대세의 기운을 알아차리고 준비해 그 목에 그물을 치고 기다려야 한다. 블록체인과 비트코인, 다양한 암호화폐는 대세다. 시대의 흐름이다. 부자들은 이것을 느끼고 눈치를 채고, 부를 디지털 자산으로 이동하기 시작했다. 빈자들은 이를 부정하면서 사기니, 거품이니 딴 나라 이야기하듯 한다.

이 안에 아직도 기회가 있는 것이다. 누구나 다 알면 기회가 아니다. 상식이다. 부정적 견해가 아직도 우세하다는 것은 우리에게 기회가 있다는 역설이다. 1970년대에 부동산 시대가 열렸을 때 거품이니, 사기니, 이젠 떨어질 것이라는 부정적인 견해가 있었지만, 부동산 가격은 올라가고, 또 올라갔다. 그동안 사회적 영향이 조금 있었지만, 어떤 영향도 심하게 받지 않고 올라갔다. 잠시 정체는 있었다. 그러나 가격은 끝없이 요동을 치면서 몇십 년째 계속 상승했다.

디지털 자산도 마찬가지다. 비트코인이 세상에 나온 지도 13년 됐다. 비트코인은 없애려는 수많은 시도에도, 없어지지 않고 더욱더 굳건하게 앞으로 또 앞으로 전진했다. 일시적인 정체도 있었지만, 일 보 후퇴하면서 이 보 전진하고 있다.

빈자의 말을 들으면 안 된다. 내가 빈자지만 내 자손들까지 빈자로 만들면 되겠는가? 인터넷에 보면 이 시대를 풍자하는 이야기가 있다.

"나의 꿈은 금수저인데 아빠가 노력을 안 하신다."

당신의 생각은 어떤가?

기회는 여러 형태로 다가온다. 그것이 기회였는지는 시간이 지나 보면 알게 된다. 대부분 기회는 갑자기 다가와 소리 소문 없이 지나가 버린다. 부동산 자산에서 기회를 놓쳤다면 디지털 자산에서 기회를 잡으면 될 것이다.

발 빠른 2030세대는 공부를 무기 삼아, 시대 흐름을 깨달았다. 디지털 자산에 기회가 왔다는 것을 알고 기회를 잡으려고 노력 중이다. 부동산 자산가처럼 이미 수십억, 수백억 원 수익을 낸 젊고 부자인 디지털 자산가들이 탄생하고 있다.

부자와 빈자의 차이는 종이 한 장 차이다. 부자는 어떤 핑계도 대지 않는다. 시대 흐름을 알아채고 긍정적으로 생각하며 실행해 부를 이룬다. 지금 대한민국에서 이뤄지는 실상이다. 그들은 부의 기회가 디지털 자산에 있다는 것을 알고 실천을 했을 뿐이다.

2022년 대선 후보들도 '친디지털자산 정책 공약'을 공통으로 쏟아냈다. 근로 소득만으로, 저축 이자만으로 먹고살 수 있던 우리의 아버지, 어머니 세대와 지금의 세대는 다르다는 것을 알기 시작한 것이다. 그래서 디지털 자산에 지금도 열광하는 것이다.

나는 암호화폐 시장에서 3년간 전업 투자를 하는 동안 시대의 흐름을 확신했다. 디지털 자산가가 되기 위해서 다시 못 올 기회가 내게 왔다는 것을 절실히 깨달았다.

부자가 인생의 본질적인 목표는 아니지만 최소한의 돈이 없으면 사람 역할을 하지 못한다는 것을 절실히 느꼈기 때문이다. 사람 역할을 하려면 어느 정도의 부는 반드시 이뤄야 한다.

부자와 빈자의 차이는 마음속에도 있지만, 현실은 경제적 가난보다는 부(富)를 더 필요로 한다. 진정한 부(富)를 이뤄 선한 영향력을 끼치면 주위도 부유하게 되고 더 아름다운 세상, 더 행복한 세상이 만들어질 확률이 높기 때문이다. 돈이 전부는 아니지만, 일상생활에서 최소한의 경제력은 꼭 필요하다.

나와 당신은 부자로 갈 준비를 해서 빈자가 아닌 부자가 될 선택만 하면 되는 것이다. 당신이 블록체인과 비트코인, 디지털 자산으로 부

(富)를 이뤄 빈자가 아니라 부자가 되길, 작은 사랑을 담아 진심으로 응원한다.

07

비트코인이 부의 추월차선이다

우리는 왜 부자가 되고 싶은 것일까?

부자가 인생의 목표일까?

부자가 인생의 본질일까?

직장 생활하는 동안 가끔 스스로 질문했다. 지금도 스스로 질문을 종종 한다. 부자가 되고 싶은 마음은 누구나 분명히 있을 것이다. 그런데 "왜 부자가 되고 싶은 것일까?"라는 질문에는 "그냥 잘살고 싶어, 돈 걱정 안 하고 싶어" 등등 일상생활과 관련되는 것이 인지상정이다.

부자가 되면 일단 경제적 자유를 누릴 수 있다. 먹고살기 위해 일하는 것이 아니라 즐기면서 일하는 분야를 선택하게 될 가능성이 크다. 시간적으로도 자유가 생긴다. 경제적 풍요로 인해 어디든 갈 수 있고, 큰 지병이 아니면 건강도 유지하는 데 유리하다. 병원 시스템의 혜택을 부담 없이 받을 수 있기 때문이다. 부자가 되면 정신적 자유도 마음껏 누릴 수도 있을 것이다.

치과 의사인 친구는 "불경기가 되면 당장 표가 난다"라고 했다. 사람들이 이나 잇몸이 죽을 것처럼 아파야 치과에 오지, 예방 차원에서는 잘 오지 않는다는 것이었다. 먹고사는 것을 빼고는 지출을 최대한 줄이기 때문이다.

100세 시대라고 하지만 건강하게 장수하는 것을 복이라고 한다. 그만큼 건강이 중요하다. 그리고 사람들은 부를 누리며 정신적·물질적으로 자유하고, 시간적·공간적으로 제한받지 않으면서 마음 놓고 세상을 살아가길 원한다. 그래서 부자가 되고 싶어 한다.

이모님은 "사람 역할을 하려면 최소한의 돈이 있어야 제대로 사람답게 살 수 있다. 그래야 대우도 받는다"라고 하셨다. 그만큼 지금 시대는 돈이 반드시 있어야만 하는 것이다. 게다가 돈이 많으면 많을수록 욕심부리지 않는다면 주위에 도움을 줄 힘까지 생긴다.

부(富)를 이루는 방법은 다양할 것이다. 상대방에게 필요한 재화를 제공해서 돈을 벌 수 있고, 필요한 서비스나 지식을 제공해 돈을 벌

수도 있다. 또한 돈이 돈을 벌게 하는 재테크로도 돈을 벌 수 있을 것이다.

특히 대한민국은 재테크에 온 국민이 열광하고 있다. 돈을 더 벌고 싶고 부자가 되고 싶은 것이다. 정당하게 부를 이뤄 선한 영향력을 끼치는 부자는 사회적으로 존경까지 받는다. 역사적으로 명예가 소중할 때도 있었다. 하지만 인류는 먹는 것과 건강 걱정이 없다면 대부분 더 부를 이루기 위해 노력했다.

최근에는 역시 돈을 더 많이 버는 방법에 관한 책이나 유튜브 및 일반강의가 인기가 많다. 인생사 끝날 때까지 대다수는 항상 더 부를 원할 것이다. 부동산 시장에서 부를 이룬 사람들이 많았던 때도 있었다. 소수이지만 주식 시장에서 부를 이룬 사람들이 있었던 때도 있었다. 지금도 부동산이나 주식 시장에서 부를 이루는 사람이 종종 나온다. 인터넷이 발달하면서 IT 관련 산업에서 신흥부자도 탄생했다.

최근에는 역시 암호화폐가 최고의 이슈로 관심을 받고 있다. 이슈이다 보니 암호화폐 관련 세미나나 유튜브 영상과 함께 다양한 책들도 많이 나오고 있다. 부자가 되는 방법들이 최대 관심사다. 왜냐하면 역시 암호화폐로 단기간에 돈을 더 벌고 싶은 것이다. 돈을 벌어 서행 차선이 아니라 부의 추월차선을 타서 짧은 시간에 경제적 자유를 누리고 싶은 것이다.

사실 비트코인이 탄생한 본질은 탈중앙화를 통해 다수의 사용자가 공공의 거래내역을 인정하는 민주적 운용 시스템이다. 기존 은행이 담당했던 현금의 중앙집권식 폐쇄형 거래 장부가 아닌, 비트코인의 이동을 분산형 공공 거래장부로 만드는 역발상 기술이었다. 이 비트코인 거래장소의 이음을 블록체인이라 한다.

그런데 사람들은 처음에 관심이 없었다. 하지만 이 역발상의 기술인 블록체인이라는 신기술은 인터넷상의 정보관리 문제, 즉 보안 문제를 완벽히 해결한 기술이었다. 그래서 세계는 주목했다.

그런데 비트코인은 블록체인과 항상 함께 한다. 게다가 비트코인이 가치까지 인정을 받았다. 기존의 화폐 발행 권력은 국가만 가지고 있었다. 국가의 중앙집권화된 화폐 권력이었다. 그런데 민간이 만든 블록체인 신기술과 함께 나온 비트코인이 화폐 발행 권력까지 가지고 있었다. 민간의 경제적 화폐 발행 권력의 분산이었다.

그것이 인정받기 시작했다. 그래서 그 가치가 올라가니 전 세계가 열광하고 끊임없이 가격이 올라간다. 부를 이루는 사람들이 점점 많이 탄생하고 있다. 단기간에 부를 이루는 부의 추월차선을 타는 사람이 생기고 있다. 부의 추월차선을 타라고 비트코인은 우리에게 손짓하고 있다.

모든 기회는 타이밍이라는 게 있다. 타이밍을 놓치면 더 이상 기회는 우리에게 존재하지 않는다. 암호화폐는 수많은 사람에게 손짓하고 있다. 부의 추월차선을 타라고, 기회는 계속 주어지지 않을 것이다. 몇 년 후 일반 상식이 되면 그 기회는 사라질 것이다.

아직은 상식이 아니다. 암호화폐는 이제 세상 속으로 들어오고 있다. 그래서 기회가 있는 것이다. 각 국가와 민간기업들이 암호화폐 및 비트코인으로 결제를 시작하려고 결제 시스템을 준비 중이다. 천천히 대기업들도 암호화폐로 결제를 시작하고 있다.

"암호화폐를 안전하며, 유용하고, 어디서나 사용 가능하게 만들 것이며, 기업의 결제 네트워크에 암호화폐를 포함시키기로 했다."

- 알 켈리(Al Kelly, 비자카드 CEO)

그 결제 시스템이 전 세계적으로 완성되어 돌아가기 시작할 때 암호화폐와 비트코인은 완전히 상식이 될 것이다. 그런 까닭으로 아직 몇 년간의 기회가 우리에게 있다. 암호화폐가 가격 변동 폭이 심해서 화폐가 될 수 없다고 하는 것은 암호화폐의 본질을 모르는 것이다. 가격이 심하게 요동치는 것은 일반 대중이 더 관심 가지게 되는 자연스러운 홍보 역할을 하고 있다. 더 많은 사람이 암호화폐를 보유하고 관심을 가져야 한다. 그렇게 되고 있다.

몇 년 후 암호화폐 결제 시스템이 세계적으로 완성되는 날이 올 것이다. 지금의 현금처럼 사용되면 암호화폐의 가격 변동성은 크지 않게 되고, 폭등도 하지 않게 될 가능성이 크다. 그래서 지금 부의 추월차선을 타라고 비트코인이 손짓하고 있다.

지인 중에도 먼저 비트코인이 부의 추월차선이라는 사실을 알고, 암호화폐 시장을 들어와 인내하며 기다린 이들이 있다. 기회를 잡는 사람과 잡지 못하는 사람은 뭐가 다른 것일까? 믿음의 문제고 새로운 패러다임의 흐름을 받아들이느냐, 아니냐의 문제일 것이다.

6년 전, 7년 전 전업으로 진입한 그들은 평범한 사람이었다. 그저 일반 직장생활을 하면서 집이 없고 대출받아 빠듯하게 생활했다. 그러다가 한 번 두 번의 폭등을 경험하면서 부를 이뤘다. 비트코인 부의 추월차선을 탔다. 그리고 주위에 선한 영향력을 끼치며 살아가고 있다.

나도 3년 전 비트코인이 부의 추월차선을 타라고 손짓하는 것을 알아차렸다. 그래서 부의 추월차선에 동승했다. 그리고 부자가 되는 첫걸음을 걷고 있다. 평범한 사람이 부의 추월차선을 탈 방법은 많지 않다. 지금부터 향후 몇 년 동안은 비트코인이 부의 추월차선이 분명히 될 것이다. 부의 추월차선 탑승 여부는 본인 스스로 결정하면 될 것이다.

당신은 비트코인이 손짓하는 부의 추월차선을 탈 것인가? 말 것인가?

08

미래에 이럴 것인가! 왜 그때 비트코인을 시작하지 않았을까?

태어남이 있으면 죽음이 있고 생겨남이 있으면 사라짐이 있다. 잘나갈 때가 있으면 못 나갈 때도 있다. 실패할 때가 있으면 성공할 때가 있다. 제행무상(諸行無常)이라고 했든가! 세상은 변하고 또 변하면서 퇴보와 발전, 불황과 호황을 겪는다. 역사는 유유히 흘러간다. 과거가 있으면 현재가 있고 현재가 있어 미래는 반드시 다가온다. 시간은 계속 흐른다. 지금은 4차 산업혁명 시대의 첫걸음을 딛고 있다.

우리의 삶은 계속 나아가고 있다. 하루 24시간이라는 똑같은 시간이 우리에게 주어져 있다. 그런데 누구는 부자가 되고 누구는 가난하게 된다. 왜일까? 대부분 열심히 삶을 사는데도 그렇다. 이것을 알기까지 나는 많은 착오와 실수를 경험하고 살아왔다.

그 과정에서 부를 성취하는 사람과 성공하는 사람들의 공통점을 알게 됐다. 그들은 열심히 사는 것은 보통 사람처럼 기본이다. 더해서 시대 흐름을 알고, 그 흐름을 정확히 간파하며 성실한 삶을 살아간다. 뭐니 뭐니 해도 시대의 흐름을 탔다.

비트코인이 만 원 할 때도 비싸다 했다. 사기라 했다. 비트코인이 10만 원 할 때도 최고점이다. 떨어질 일만 남았다 했다. 100만 원 갈 때도 최고점이다, 사라질 것이라고 말했다. 심지어 1,000만 원 갈 때도 거품이라고 했다. 그런데 8,000만 원갈 때도 그러고 있다. 그들은 부정적이고 단지 가격만 볼 뿐 유유히 흐르는 시대적 흐름을 알지 못하고 있다. 그들의 말을 따를 것인가?

또다시 이럴 것인가! 비트코인은 2002년 2월 현재, 5,000만 원이니 고가다. 더 이상 올라가지 않고 사라질 것이라고 다시 생각할 것인가 말이다. 선택은 자유다. 그럼 비트코인에 투자하지 않으면 된다.

투자는 믿음이 우선되어야 한다. 믿음이 없으면 하지 않으면 되는 것이다. 개개인의 생각과는 관계없이 비트코인은 2009년도 1월에 탄생해서 그 누구도 예상하지 못한 가격으로 더 높이, 아니 더 더 높이 진군하고 있다. 가치가 있기 때문이다.

4차 산업혁명의 기본 뿌리이자 핵심 기술인 블록체인과 함께 비트코인이 세상에 나왔다. 그 진정한 가치를 깨닫기까지 10년 이상이 걸린 것이다. 이제는 세상이 달라졌다. 개인뿐 아니라 기업과 심지어 국가마저도 블록체인과 함께 가는 비트코인의 가치를 알기 시작했다는 것이다. 아직도 늦지 않다. 이제 제도권 안으로 들어오고 있을 뿐 아직 일반 상식이 되지 않았다. 컴퓨터도 상식이 되기까지 약 20년 이상이 걸렸다. 우리에게 아직 시간이 있다.

2021년부터 블록체인의 신기술을 기업들뿐 아니라 국가들도 인정하기 시작했다. 끝도 모르게 가치가 올라가고 있다. 블록체인 신기술에 비트코인은 반드시 있어야 할 윤활유 역할을 하는 일심동체이기 때문이다. 블록체인과 비트코인을 분리할 수 없다는 것을 알기까지 몇 년이 걸렸다.

2022년 올림픽 개최국인 중국도 블록체인 리드 국가가 될 것이라고 선언했다. 그 이면을 보면 비트코인이 함께 하는데, 아이러니하게 비트코인을 부정한다. 이것은 말장난일 뿐이다. 현물 화폐인 중국 위안화를 디지털 위안화로 바꾸는 순간 비트코인은 중국에서 또다시 큰 부활을 알릴 것이다. 블록체인과 비트코인은 함께 가기 때문이다. 러시아, 인도를 비롯한 전 세계 국가들이 선점하기 위해 이젠 긍정적 시그널을 계속 보내고 있다.

우리나라는 아직 조용하다. 세계적 상황을 더 지켜보고 있다. 2023년 목표로 한국은행에서는 디지털 원화를 테스트 중이다. 디지털 달러, 디지털 위안화, 디지털 엔화 등 전 세계가 이젠 디지털 화폐로 이동을 준비하고 있다. 발행비용이 저렴하고 돈의 흐름이 정확해진다. 국가는 지하자금 없이 통제할 수 있는 장점이 많은 시대적 흐름이다. 그에 더해 비트코인도 이제는 인정하는 분위기다. 즉, 각국의 중앙 디지털 화폐와 민간 디지털 화폐인 암호화폐가 공존하는 세상으로 바뀌고 있다.

암호화폐를 대표하는 비트코인은 아직 변동성이 크다. 변동성이 큰 건 당연하다. 전 세계인의 이목을 받아야 하고 이슈가 되어야 한다. 그래서 인터넷, 디지털 세상에서 디지털 화폐로 사용할 수 있는 상식이 되어버리는 것을 자연스럽게 만들 수 있기 때문이다. 아직은 기회가 우리에게 남아 있다. 디지털 세상의 초입이다. 디지털 세상이 완전히 이뤄지면 암호화폐의 변동성이 크게 줄어들 것이기 때문이다. 그래서 우리에게 아직 기회가 있는 것이다.

비트코인이 상식이 된 미래의 어느 날, '아 그때 좀 사둘걸! 공부라도 할걸! 왜 그렇게 부정만 했을까?'라고 후회할 것인가? 비트코인은 0원부터 최고점 8,250만 원까지 가격이 상승하는 13년 역사를 가지고 있다. 계속 부정하는 사람의 말만 믿고 비트코인의 기회를 잡지 않을 것인가? 5년 전 비트코인 가격은 개당 불과 몇십만 원이었다. 그럼 5년 뒤는 어떻게 될 것 같은가? 그것은 상상에 맡기겠다.

기회는 언제든지 온다. 알아채는지, 모르고 지나가는지 차이일 뿐이다. 지나고 나면 '그때가 기회였는데 아쉽네!'라는 후회만 할 것인가!

시대적 흐름을 간파하고 분석해서 확실한 계획과 준비를 한다. 그래서 느낌이 온다면 일단 도전해보는 것도 괜찮을 것이다.

하지 않으면 전혀 표가 나지 않는다. 여유 자금 내에서 기타 투자 자산과 함께 분산해서 비트코인에도 조금 투자해본다. 몇 년 뒤를 생각하며 조금의 여유 자금은 없다고 생각하고 부동산처럼 보유할 만하지 않는가? 지금도 누군가는 비트코인뿐 아니라 암호화폐를 천천히 모으고 있다. 나 또한 그러고 있다.

불과 몇십 년 전만 하더라도 논밭을 얼마나 소유하는지가 부의 상징이었다. 시대가 변한 요즘은 강남에 땅이 좀 있다고 하면, "아버님 부자네" 하고 부러워한다.

곧 닥칠 미래에는 비트코인 몇 개, 이더리움 몇 십개, 그리고 다른 코인들도 있다고 하면 부러움의 대상이 될 가능성이 크다.

선택은 자유다. 본인 믿음이 있으면 실행하면 되고, 믿음이 없으면 무시하면 그만이다. 미래는 아무도 확실히 모른다. 긍정적으로 발전할 수도 있고, 부정적으로 변할 수도 있다. 하지만 비트코인은 어떤 부정에도 국가마저 부정해도 계속 성장했고 긍정적으로 바뀌었고 더 큰 성장을 했다.

지금도 끝도 모르게 성장하기 위해 숨을 고르고 있다. 아무리 부정해도 긍정적으로 성장하며 가격은 그 끝을 알 수 없게 성장 중이다. 비트코인은 또다시 더 큰 성장을 할 것이다. 왜냐하면 4차 산업혁명 시대의 필수기술인 블록체인이 든든하게 비트코인을 지켜주고 있기 때문이다.

몇 년 뒤에도 당신은 "왜 그때 비트코인을 시작하지 않았을까?"라고 할 것인가! 기회면 잡고 아니면 안 하면 되는 것이다.

선택은 온전히 각자의 몫이다.

기회는 준비된 자만이 잡을 수 있다

끝까지 읽어주셔서 감사드린다. 이 책을 읽은 독자라면 4차 산업혁명, 블록체인, 암호화폐, 비트코인에 대한 기초적인 지식과 투자자의 심리와 마음가짐을 가지게 되었을 것으로 생각한다.

인류역사상 화폐 권력을 민간이 가지게 된 것은 최초다. 그렇기에 우리에게는 공유 경제와 공유 민주화가 이뤄지고 있다. 화폐 권력을 공유하게 된 최초의 사건이 일어나고 있다.

이 기회를 잡아 더 많은 선한 부자들이 탄생해서 더 아름다운 세상을 만드는 분들이 많아지기를 바란다.

인연은 우리가 예상치 못하게 다가온다. 현실에 충실한 게 최고라 생각하며 살아왔다. 다양한 책도 자주 읽는 편이었다. 이렇게 책을 쓰게 될 줄은 생각지도 못했다.

한책협 김태광 대표님의 말씀은 영혼을 울렸고 나를 깨웠다. “세상에 도움되는 내용은 널리 알려야 한다”라고 말씀하셨다. 그래서 세상에 도움이 되고자 이 책을 집필하게 됐다. 이렇게 인연이 닿은 것이다.

우리는 다시 만날 것이다. 네이버 카페 ‘한국디지털 자산성공학협회’, 일명 ‘한디협’을 준비 중이다. 유튜브 ‘비트킹TV’에서도 만날 수 있을 것이다. 곧 인터넷이나 대면으로도 볼 수 있을 것이다.

책에 사랑을 담아 모든 분께 행운이 깃들길.

부의 추월차선으로 이동하는 가장 쉬운 방법

코로나 시대 최고의 재테크는 비트코인 투자다

제1판 1쇄 2022년 4월 15일

지은이 김종길
펴낸이 서정희 **펴낸곳** 매경출판㈜
기획제작 ㈜두드림미디어
책임편집 이수미, 배성분 **디자인** 정재은
마케팅 강윤현, 이진희, 장하라

매경출판㈜
등 록 2003년 4월 24일(No. 2-3759)
주 소 (04557) 서울시 중구 충무로 2(필동 1가) 매일경제 별관 2층 매경출판㈜
홈페이지 www.mkbook.co.kr
전 화 02)333-3577
이메일 dodreamedia@naver.com(원고 투고 및 출판 관련 문의)
인쇄·제본 ㈜M-print 031)8071-0961

ISBN 979-11-6484-392-3 (03320)

책 내용에 관한 궁금증은 표지 앞날개에 있는 저자의 이메일이나
저자의 각종 SNS 연락처로 문의해주시길 바랍니다.